经济学家茶座

TEAHOUSE FOR ECONOMISTS

主　管　山东出版传媒股份有限公司
出　版　山东人民出版社
编　辑　《经济学家茶座》编辑部

本刊得到上海汇智经济学与管理学发展基金会资助

图书在版编目（CIP）数据

经济学家茶座．第91辑/胡长青主编．-- 济南：山东人民出版社，2021.12
ISBN 978-7-209-13614-3

Ⅰ．①经…　Ⅱ．①胡…　Ⅲ．①经济学-文集　Ⅳ．①F0-53

中国版本图书馆CIP数据核字(2021)第264625号

济南市市中区舜耕路517号
邮编：250003
http://www.sd-book.com.cn
编辑部电话：(0531) 82098901
E-mail：jjxjcz@163.com
市场部电话：(0531) 82098021
济南万方盛景印刷有限公司印装
2021年12月第1版　2021年12月第1次印刷
169毫米×239毫米　16开　9.75印张　169千字
邮发代号：24-180
定价：22.00元

简议艺术经济学

王　诚

按照康德的思想脉络，人类的幸福取决于智商、意商和情商。研究人类幸福的社会科学，本来就处于自然科学与人文科学二者之间，应该借鉴二者的精华来分析完整的人类幸福。艺术理论作为独立学科在中国不过十年，与之相关的探讨不多，但经济学与艺术的关联恐怕比我们想象的要多得多。

大概像许多茶座的茶友，我既喜欢经济学，又喜爱艺术欣赏。数年之前，一个大学同学以其过人天赋和刻苦努力，拿下了经济学博士学位，同时获得艺术学博士学位并赢得“雕塑艺术家”和“国家画院雕塑院院长”的称号。同学聚会中，我曾建议他凭多年经济学的修炼，把艺术与经济学之间关系的感悟和推论写下来。遗憾的是，由于事务干扰及时间上的不凑巧，更主要的是他的兴趣点从“发现分析解决问题”完全转移到“以艺术手法表现所关心的社会问题”上，这样一个愿望至今没有实现。

最近有空到网上闲览，看到不少以“艺术经济学”（Art Economics）为主题的论述。我发现其内容主要局限于艺术产业经济学，即用经济学来分析艺术作品的产生、供给、需求、交换、消费、分配等。其研究层次还赶不上“法经济学”(Law and Economics)。尽管经济学家们理解的“法律问题的经济学分析”和法学家们的“借用经济分析的法学理论研究”总是出现视角冲突，但这两方面的研究每年总有新成果。而把艺术的研究混同于日常生活用品的研究，让人觉得是将高雅的艺术给“俗化”了，并没有把握住艺术的真正性质。

其实，艺术经济学除了借用经济学方法分析艺术产生的特点，如经济福利与艺术、艺术的专利保护与产权等，艺术经济学中更重要的部分，是经济学可以从艺术学中得到的启示。第一，经济学也需要分析个性化现象。与艺术学中强调个性的美学价值不同，经济学在强调个性创新价值的同时，又习惯性地想把许多个性的现象消除、改变或处理掉。经济学对共性化的经济现象关注太多，而对个性化的经济现象关注不足。第二，经济分析的目的性太强，而对经济生活的体验性强调不足。因此，需要借鉴艺术对体验性的研究，改进经济分析的有效性。人们的情商状况对于经济结果是有显著影响的。第三，经济学强调客观性，要求分析主体独立于分析对象的取向太强，而主体自主意识的分析不足。萨缪尔森也曾经说过，经济学胜于物理学之处是可以问以下问题：如果我是这个经济主体，这时我会干什么？而物理学家不能说：如果我是一个原子，这时我会做什么？遗憾的是，经济学的这个优势在研究中常常被忽略了。

（作者为中国社会科学院经济研究所研究员）

卷首语

学界万象

国是我见

学问聊斋

生活中的经济学

经济随笔

TEAHOUSE FOR ECONOMISTS 经济学家茶座

目录

不以数量论英雄

——基于美国五所顶尖大学经济系的升职数据分析

聂辉华

一、复旦惨案与张五常批判

2021年6月7日，复旦大学数学学院教师姜某，涉嫌杀害学院党委书记王某。发生在邯郸路上的这一惨案令学界震惊，这应该是国内学界第一个教师因考核不过而动刀杀人的事件，因此引起了广泛争议。争议的焦点是，这种"非升即走"的终身教职制度（tenure track）是否合理？它从北美被引入中国之后，是否"水土不服"？所谓终身教职制度，就是大学给刚入职的青年教师设定一个考核期（通常是五六年），在考核期内，如果该名教师发表的文章达到了要求，并且教学不太差，就可以从最低级的助理教授升为副教授。除了哈佛大学和耶鲁大学，副教授通常都是终身教职，即只要不犯错，就可以一直被聘用。副教授升教授并没有考核期，因此有少数终身副教授就真的变成了"终生"副教授，一直工作到自己愿意退休（美国在1994年1月1日废除了大学教师强制退休制度）。

当然，并不是所有大学教师都属于终身教职体系。根据美国教育部的统计，到1997年，美国大学教师队伍中属于终身教职体系的人占70%，还有30%不属于终身教职体系。[①] 例如，一些大学或学院有合同制的讲师，主要任务是讲课而不是科研。

① 耿益群:《美国高校终身教授制度的困境与出路》,《比较教育研究》2006年第2期。

世界著名华人经济学家张五常两次针对复旦惨案发表评论。① 他认为，在20世纪60年代，美国大学对教师的考评主要依据系里几个“大牌”教授对候选人水平的认可程度。以世界顶尖大学芝加哥大学经济系为例，他的文章原话是：“升为正教授不需要有文章，不需要书教得好，但不可以没有脑。”也就是说，对于一个教师能否担任教授，评委们既不论其发表论文的数量，也不看其论文刊物的等级，关键是评价其是否有水平。他自己1969年秋季在位于西雅图的华盛顿大学任教，刚去了三个月，经济系主任诺斯教授（1993年诺贝尔经济学奖得主）就告诉他，教授委员会建议将他直接提升为正教授。转折发生在20世纪70年代的美国，当时民粹主义盛行，美国大学为了堵住悠悠众口，就发明了“终身教职”这种制度：要计算候选人的论文数量、发表文章的刊物等级，还要外部专家评审。张五常把终身教职制度戏称为“数手指的法门”，认为这算不了真正的学问。他听说国内给在《美国经济评论》（AER）上发表文章的作者奖励金额高达二十万元时，觉得非常荒唐！

二、数量为王还是质量优先？

发端于美国的终身教职制度，究竟是一种简单的数量游戏，还是看重文章的质量？是否存在张五常所批评的“AER崇拜”？感性的意见容易发表，冲动的观点更吸引眼球，但是事实真相有待严谨的数据证明。目前，大家公认美国顶尖大学的经济系拥有全球最高的经济学研究水平，因此我们不妨以美国顶尖大学经济系为例，看看它们在教授的升职方面是数量为王还是质量优先。

我们先看一下耶鲁大学经济系。在浏览耶鲁大学经济系官方网站的教师简历时，我发现了一个有趣的案例。像耶鲁大学这样的世界顶尖名校，经济系的教师要从最低的助理教授升为副教授，至少要在经济学界公认的世界顶尖的五大期刊（所谓“Top 5”）——《美国经济评论》（AER）、《经济计量学》（Econometrica）、《经济学季刊》（QJE）、《政治经济学杂志》（JPE）和《经济研究评论》（RES）——上发表几篇论文吧？但是，有一个人一篇“Top 5”论文都没有，就评上了副教授！

① 两篇文章分别是：《评复旦姜文华事件》（2021年6月14日），《“非升即走”为何在大学失败？》（2021年6月21日）。

他就是穆什菲克·莫巴拉克（Mushfiq Mobarak），他的简历如下。博士毕业后，他2002—2007年在美国科罗拉多大学担任了5年助理教授，其间没有发表任何“Top 5”论文，然后“上调”到耶鲁大学经济系担任助理教授，又过了5年被评为副教授（2012年），但还是没有发表“Top 5”论文。2014年，他在《经济计量学》上与两位学者合作发表了一篇论文，然后在次年被评为正教授。也就是说，仅仅凭一篇“Top 5”论文（并非排名第一的AER论文），他就完成了从助理教授到教授的完美升级！

如果说终身教职的评审主要看论文数量，那么耶鲁大学经济系肯定要以“Top 5”论文作为计算基础，不太可能把层次低于“Top 5”的期刊论文作为考核依据。因此，莫巴拉克教授的火箭式升级，至少说明了耶鲁大学经济系是不以文章数量论英雄的。为了证明这一点，我们还可以找到一个对照组：爱德华多·达维拉（Eduardo Dávila）。此君2014年从哈佛大学博士毕业，先在纽约大学（排名高于科罗拉多大学）当了5年助理教授，2018年调入耶鲁大学继续担任助理教授。目前，他已经在《经济研究评论》上发表了两篇论文，但并没有被升为副教授。

莫巴拉克和达维拉都从一流大学“逆袭”进入顶尖大学，他们的任职经历和发表记录可以证明，“Top 5”论文不是顶尖大学升职（或获得终身教职）的必要条件，学术贡献才是升职的主要依据。莫巴拉克升职的关键原因，是他在本领域有杰出贡献或重大影响力。他虽然只有一篇“Top 5”论文，但是这篇论文《盈利技术上的投资不足：以孟加拉国的季节性移民为例》奠定了他在移民研究问题上的重要地位。根据谷歌学术统计，这篇论文的引用次数超过600次，而他的论文总引用次数已经超过了7200次。据说，诺贝尔经济学奖得主的平均引用次数是3000多次，可见莫巴拉克教授的重大影响力。

三、美国五大顶尖经济系的升职统计

前面的个案对比可能并不具有一般性，读者甚至会怀疑我是在选择性利用证据。为了得到更可靠的证据，我选择了美国大学中的五大顶尖经济系——哈佛大学经济系、耶鲁大学经济系、普林斯顿大学经济系、芝加哥大学经济系和麻省理工学院经济系为研究对象。这五大顶尖经济系不仅是美国的顶尖经济系，也是全世界的顶尖经济系，因此它们的教授升职标准具有很强的风向标作用。同时，为了使升职标准具有可比性，并比较教师获得终身教职前后的发表记录，我们的统计对象只包括在所属经济系经历了“助理教授—副教授—正教授”这一完整履历的教师，并且只统计“Top 5”论文的发表数量。

我们的样本总共包括了五大顶尖经济系的54个教授，其中哈佛大学20个，耶鲁大学8个，芝加哥大学7个，普林斯顿大学10个，麻省理工学院9个。在54个教授中，男性教授占90%左右，说明经济学界目前还是男性占绝大多数，这可能跟西方的经济学接近自然科学的学科属性有关。他们的年龄从38岁到72岁，博士毕业年份从1965年到2012年，因此样本年龄跨越了将近50年，能够反映一些比较稳定的趋势。样本中还包括了两名2019年诺贝尔经济学奖得主，即麻省理工学院的一对教授夫妇——阿巴希·巴纳吉（Abhijit Banerjee）和埃丝特·迪弗洛（Esther Duflo）。

需要说明的是，在美国的大学，一个博士从助理教授升为副教授后，通常就获得了终身教职。但是，哈佛大学和耶鲁大学特殊，只有正教授才是终身教职。关键是，它们通常从全球范围内遴选正教授，本校的副教授并无明显优势，这就显得哈佛大学和耶鲁大学格外“高人一等”。从综合实力来看，它们相当于学术界的武当、少林，要求高也是可以理解的，不过近几年这一情况有所改观。为了留住杰出人才，同时又避免内部提拔带来的“放水”嫌疑，它们就将一些特别突出的助理教授破格提升为正教授。在我们的样本中，总共有13名跨越式提升的破格教授，约占全样本的24%。其中，哈佛大学有7名，耶鲁大学有1名，麻省理工学院一个都没有。在国内，几乎没有经济学院敢将一个本校的讲师（对应于美国的助理教授）直接提升为正教授，那样的话社会压力太大了，通常的做法是破格提升一些任职三四年的副教授为正教授，而且全校一般就只有几个名额。①

我们重点关注升职所需发表的论文数量和耗费的年数。下面的表1总结了五大顶尖经济系的教授升职情况。我们可以发现一些有趣的特征或规律。

第一，从助理教授升为副教授的平均年数是5.4年。在样本中，最短的是哈佛大学的4.5年，最长的是芝加哥大学的6.4年；有的发表论文多，有的发表论文少。这说明，不管起点如何，不管发表记录如何，不管水平如何，在五大顶尖经济系，青年教师都要经过5年左右的考核期磨炼，才有资格升为副教授或者获得终身教职。

---

① 本文作者于2013年破格晋升为正教授，当时34周岁，这算是很幸运了。

表 1　　五大顶尖经济系教授升职统计

项目	哈佛大学	耶鲁大学	芝加哥大学	普林斯顿大学	麻省理工学院	小计
升副教授年数	4.5 年	6.3 年	6.4 年	6.3 年	4.6 年	5.4 年
从副到正年数	4 年	3.1 年	1.6 年	3 年	2.3 年	3 年
正教授年龄	34 岁	37 岁	34 岁	33.8 岁	34.1 岁	34.7 岁
升副教授论文数	2.4 篇	2.4 篇	4 篇	4.7 篇	4.3 篇	3.4 篇
升正教授论文数	3.5 篇	1.9 篇	2.4 篇	2.4 篇	3.6 篇	2.8 篇
男性比例	0.8	0.9	1	0.9	0.8	0.9
破格教授	7 个	1 个	2 个	3 个	0 个	13 个
样本量	20 个	8 个	7 个	10 个	9 个	54 个

第二，从副教授升为正教授的年数相对更短，平均是 3 年。最短的是芝加哥大学，只要 1.6 年；最长的是哈佛大学，但也只是 4 年。正教授的平均年龄是 34.7 岁，说实话这算相当年轻了。这个年龄的教师在中国的大学，通常都是副教授而已。以上两点特征跟国内高校完全相反。在晋升中，美国教师是前面慢、后面快，而中国是前面快、后面慢。国内高校的青年教师在担任了 2 到 3 年的讲师之后，便有资格申请升为副教授，通常不需要等到 5 年考核期（如果有的话）结束。但是从副教授到正教授，名额更少，时间更长，普遍都在七八年左右。

第三，助理教授升副教授，平均发表的“Top 5”论文是 3.4 篇，而副教授升正教授发表的“Top 5”论文是 2.8 篇。首先从篇数上看，副教授的论文均值明显高于正教授的论文均值，这初步说明并不是“Top 5”论文越多，就水平越高，否则正教授应该发表更多的论文。其次从学校来看，在哈佛大学和耶鲁大学，一个助理教授升任副教授的“Top 5”论文数均值是 2.4 篇，两者都属于五大顶尖经济系中最少的；最高的是普林斯顿大学的 4.7 篇。这进一步说明，“Top 5”论文（包括大名鼎鼎的 AER 论文）的数量并不能等同于教授的水平，因为没有理由认为哈佛大学、耶鲁大学、芝加哥大学和 MIT 的经济系水平都低于普林斯顿大学。最后从个体差异来看，在助理教授升为副教授（终身教职）的过程中，不考虑破格教授，“Top 5”论文发表最少的是 0 篇，而且有 3 个人；最多的有 9 篇。这 3 个人后来发表论文的潜力很大吗？答案是：没有。他们在担任副教授时，发表的“Top 5”论文数量依旧很少，从 0 篇到 2 篇不等，但最后都在几年内升为正教授。这再次说明，终身教职制不是只数论文篇数和看论文等级的。

第四，破格者的“Top 5”论文数少于普通教授。一个教师能够在世界顶尖大学经济系从助理教授直接升为正教授，充分说明此人具有超一流的研究水平。那么有趣的问题是，这些超一流教授是否发表了比别人更多的“Top 5”论文呢？答案是：并没有！在我们的样本中，13 个破格教授从担任助理教授到评上正教授的时间内，平均发表的“Top 5”论文数量是 4.2 篇，而其他教授发表的“Top 5”论文数量平均是 6 篇。事实上，相关性分析表明，一个教授能否破格，与其发表的“Top 5”论文数只有很弱的相关性，相关系数为 0.28。

第五，诺贝尔经济学奖得主在“Top 5”论文发表数量上也不占优势。在我们的样本中，有两位诺贝尔经济学奖得主，这是当之无愧的超一流水平和杰出成就的象征。那么，诺奖得主在“Top 5”期刊发文方面是否异于常人呢？并没有！巴纳吉 1988 年博士毕业后到麻省理工学院任教，老老实实当了 5 年助理教授，发表了 4 篇“Top 5”论文后才升为副教授，之后担任了 3 年副教授，其间发表了 2 篇“Top 5”论文。从数量上看，从博士毕业到升为副教授发表论文数量高于样本均值（3.4 篇），而从副教授升为正教授发表论文数量又低于样本均值（2.8 篇）。从发表刊物上来看，他一篇 AER 论文也没有。他妻子迪弗洛担任助理教授和副教授的时间分别为 3 年和 2 年，这应该是样本中最快的升职速度了，堪称“神童”，但是两段任职期间发表的“Top 5”论文数量分别为 2 篇，明显低于均值。可见，诺奖得主并不是靠“Top 5”论文数量多获奖的。否则，最该得奖的人，应该是我们样本中的麻省理工学院教授阿西莫格鲁，他是当今世界发表顶级期刊论文数量最多和速度最快的人之一（我认为去掉“之一”也不为过）。但是这位“大神”拿到终身教职之前在“Top 5”发表论文并不多。他在麻省理工学院担任助理教授的 5 年期间只发表了 2 篇“Top 5”论文，在担任副教授的 3 年期间发表了 8 篇，明显有加速度的逆年龄倾向。但这并非样本中的最高纪录，最高纪录是哈佛大学格莱泽（Edward Glaseser）教授，他担任副教授的 9 年期间发表了 12 篇“Top 5”论文。按年数来算，阿西莫格鲁任副教授期间的发文速度远高于格莱泽，但问题是哈佛大学经济系为什么在格莱泽发了 12 篇“Top 5”论文之后才给人家正教授头衔呢？为什么不早几年呢？这只能说明一点，论文数量不等于论文质量，论文数量不等于研究水平，否则无从解释。

（作者为中国人民大学经济学院教授）

文科生到底有什么用？

徐康宁

“文科生没什么用”一直是社会的一种认知。“百无一用是书生”，这里的“书生”，自然是指从事文科工作的知识分子，不包括自然科学家和工程师。这是老话题，本无必要专门撰文，可最近央行一篇工作论文对文科专业的评价，又把文科生到底有没有用的问题尖锐地提了出来，并引起社会的热议。作为在大学内教了30多年文科专业（经济学在中国算作文科专业）学生的教师，此时若静静地让这一话题“轻轻飘过”，不免觉得身上“佛性”过重，正好此时《经济学家茶座》“小二”来约稿，便利用一个周末写下这篇稿子。

文科生是怎样多起来的？

2021年4月，中国人民银行官方微信公众号发布一篇题为《关于中国人口转型的认识和应对之策》的工作论文，其中有一观点，提出要重视理工科教育，因为“东南亚国家落入中等收入陷阱的原因之一是文科生太多”。先不论这篇工作论文的观点是否正确，笔者首先想到的问题是，目前中国到底有多少文科生？随即，笔者到教育部的网站上去查官方发布的数据，结果令人吓了一跳：现在全国每年新毕业的大学生，文科生在数量上已经超过了理科生！

根据教育部官方网站的最新数据，2019年全国大学毕业生（本科）为394.72万人，其中获得文、史、哲、经、管、法、艺术、教育等学位的文科生为206.11万人，获得理、工、农、医学位的理科生为188.61万人，文科生比理科生多了20多万人。文科毕业生中，读管理学的人最多，超过76万人；获哲学学位的人最少，只有2000余人。理科毕业生中，真正读理科专业的只有25.76万人，最大头是工科学生，这一年有129.1万人毕业于高校各类工程专业。

笔者读大学的年代，文科生即便不是凤毛麟角，也是绝对的“少数派”。笔者任大学教师的前20年内，文科生数量也是明显少于理科生。每年高考，文科生和理科生若考到同样的分数段位，理科生的挑选余地很大，文科生则没有什么选择余地。所以，在很长的时间内，若不是真的喜欢文科或只能学文科，学生一般不会选择做文科生的。照理说，文科生多于理科生是丰裕社会才会有的现象，但中国的经济还不发达，“养”不起太多的文科专业和文科生，而且职业市场机制也会做出安排，似乎不可能有这么多的文科生。但文科生数量多于理科生，现在已经是事实。

中国为什么会这么早出现文科生数量多于理科生的现象？对此进行探究足以写出一篇很精彩的学术论文，笔者粗略估计可能有以下几点原因。第一，过去20年，文科的各种新专业如雨后春笋一般不断涌现，文科生逐渐多起来。第二，比第一条更重要的原因，是许多高校一路扩招，学生规模扩大几倍，而文科扩招的成本最低，一个专业一届能招几百人。第三，招生市场上财经类专业颇有吸引力，财经类院校越来越多，所以管理类专业成了仅次于工科毕业人数最多的专业。

文科生的社会价值不容低估

首先要强调的是，文科生具有重要而不可替代的社会价值，这已为人类文明的进程所证明。

人类文明的历史至今已有5000多年，在20世纪之前，人类所从事的比较系统的研究，主要是对文学艺术以及社会知识的探究。无论中外，古代大学或大学雏形里的学习深造，主体都是文科性质的。牛津大学、剑桥大学、哈佛大学、耶鲁大学这些世界顶尖大学，在大部分时间里培养的都是文科生。从人类历史演化的角度上讲，社会总体上是进步的，文明总体上是走向先进的，这和历史上不断有先进的思想涌现，以及大量传播和实践先进思想的人的出现是分不开的。提出先进思想的人是专事文科知识建设的贤哲，我国的如孔子、孟子、朱熹、王阳明、魏源、孙中山，国外的如苏格拉底、亚里士多德、但丁、培根、华盛顿、林肯等，传播和实践先进思想的是他们的学生及门徒，也就是广大的文科生。

即使是一个多世纪以来的科学时代，在科学技术改变世界的今天，文科生还是大有用武之地，文科的知识还需要进一步扩充、发展和普及。在欧美国家，有几类职业专门为文科生而设立。一是职业从政者，其中一部分将成为职业性政治家；二是职业外交官，其性质与第一类职业相似；三是法律从业者，美国每年有大量的优秀本科毕业生报考法学院，学成毕业后加入庞大的律师队伍；四是商界精英，他们多数毕业于大学商学院，一般拿的是 MBA 学位。上述四类职业者都有一个共同的特征，即拥有良好的文科素养，如擅长演讲、文章（报告）写得不赖、具有较强的领导力等。有一个说法是，华人在美国硅谷做工程师的很多，做企业高管的就很少；而印度人不仅做工程师的多，高管也很多。其背后隐含的一个事实是，在美国硅谷打拼的华人多为第一代移民，其中多数为毕业于国内名牌高校的理工科学生，以英语为表现形式的文科素养，自然比不过当地人和印度人。在美国企业做高管，要善于很自然地“高谈阔论”，主持会议不仅要把工作布置下去，还要很有感召力和亲和力，让部下觉得任务很神圣。其实，国内也呈现出一种趋势，许多领导岗位越来越适合于学文科者担任，包括最高级别的领导职务。

文科生的最大优势，在于知识面广、文字功底强、具有人文关怀。第三个优势和前两个优势有必然的联系。文科生的专业学习主要是读书，而不是做实验。如果善于读各类书，那么知识面就比较宽，就有旁征博引的能力。文字功底是文科生的看家本领，文科生有比理科生更强的文字表达能力。由于文科生读的多数是人文社会科学方面的书籍，理应有更强烈的人文关怀，对社会和人的价值有更多的思考。

上面提到的文科生的三大优势，造就了文科生的可塑性以及适应社会变迁的能力，一旦机会来临，他们便有可能脱颖而出。文科生在校期间的学习，基本上是打基础的，尤其是本科阶段的学习，专业色彩真的不必浓郁。美国黑石集团是世界上最大的私募基金和投资机构之一，其联合创始人、CEO 苏世民曾出过一本自传，英文书名叫 *What It Takes：Lessons in the Pursuit of Excellence*，国内将之译为《我的经验与教训》。作为掌管 5000 亿美元的世界最大投资机构的掌门人，大学专业却是经典的文科：文化与行为。在他的自传中，苏世民认为自己最大的成功来自他对人的行为的研究，并归功于他大学的学习。几年前英国出过一位一个世纪以来最年轻的财政大臣——乔治·奥斯本（George Osborne），他的大学专业是历史学，此人不仅当上了财政大臣，而且在离开政坛后做过许多跨度很大的职业——报社主编、投资公司顾问、大学教授，又被礼聘为大英博物馆的董事会主席。马云的大学专业是英语，他后来成了中国最成功的企业家。

上面说的都是出人头地的大人物，作为普通人，文科生也可以发挥优势，把工作做得很好。除了特殊的部门，公务员更适合于文科生，银行职员也比较适合于文科生，面广量大的各类社会管理岗位以及经常与文字打交道的工作，也是文科生的用武之地。无论今后社会怎样发展，无论科学技术先进到何种程度，只要有和人打交道的场合，有文字表达的需要，就离不开文科生。

文科生的真正短处是文科本领不强

然而，社会上轻视文科生、瞧不起文科专业的现象又比比皆是。其原因或是对文科不尽了解，或是确实看到了文科生存在的短处。当下文科生的真正短处，并不在于专业门槛不高，所学知识不“硬”，而在于文科知识学得不扎实，缺少应有的看家本领。作为文科生，却没有过硬的文科本领，这是最大的短处，也是造成社会认为文科生无用的主要原因。

首先是治学不严谨，下笔大而化之、信马由缰。应该承认，理科生是严谨的，如果理科生不严谨，就造不出合格的产品，盖起来的楼房就会倒塌。胡适先生100多年前提出“大胆假设、小心求证”的原则，就是希望做（文科）学问要严谨，立论要有一个严密的逻辑。中国传统文科最大的缺陷，就在于文人下笔很大胆，标新立异的观点很多，却从来不求证。央行的那篇工作论文也犯了很不严谨的错误，大胆认定东南亚国家落入中等收入陷阱是因为文科生过多，一句求证的话都没有。遗憾的是，现在大学里培养的文科生，很大程度上仍在重演中国传统文科的故事。思维有逻辑，归纳准确合理，演绎有层次、富有条理，本来是文科生的强项，可真正将之转化为随身本领的不多。

其次是文字功底差强人意，体现不出文科生的优势。笔者在大学从教30多年，指导过的本科生、硕士研究生、博士研究生的毕业论文，加上评阅过的外校生的毕业论文，以及学生的课程论文、投稿论文，数量之多，累计应在千篇之上。实话实说，真正文字功底强的，一看就是出自优秀文科生之手的文章，只是凤毛麟角。即便有少数思想活跃，观点新颖，立论也充分的文章，其文字却很平淡。严格来说，多数者文字功底不过关。学风如此，也和教风不严有关，网络上不止一次“晒”出名牌大学中文系教授文句不通的大作，让人在笑话之余陷入深思。要知道，若理科生很容易写出文科生那样的文字，甚至写得比之还要好，那么文科生还有什么优势可言？笔者某次参加国内某著名综合性大学重大科研规划评审，参会者除了学科专家外，还有该校的科技处处长和社会科学处处长。会上，科技处处长（负责自然科学）就对社会科学处处长直言，有多份文科的科研规划本子文字不过关，社会科学处处长没有提出异议。你见过文科教授质疑理科教授的实验方法或计算公式吗？出现这种现象，和部分文科教授自己的文字功底不强有关，也和习惯性做学问不严谨有关。

最后是现在的文科生读的书太少，博览群书、知识面宽广的文科专业特征，已经在文科生身上很少见了。现在读经济专业的研究生，往往花了大量精力学习建模和统计软件，却不愿意多读几本书，知识面窄得很，对社会、历史和经济背景缺乏了解，写出来的东西很难不是闭门造车，甚至是为臆造出来的问题作证明。有的学生希望通过多学一些“硬技术”（如建模和软件应用能力）来弥补文科专业的偏“软”，却在自身的看家本领上下功夫不够。要知道，文科生学的那些“硬技术”，对于理科生来说却是“小儿科”。真正构筑文科生自身专业优势的还是上文提到的三个方面，所谓的“硬技术”只是功能性、辅助性的。笔者培养的许多博士研究生、硕士研究生中，明显有所成就的，无论是在高校做教授的，还是在金融机构等职场上工作的，都不是那些特别擅长做模型的（虽然在大学里做研究这一点很重要），而是文科专业素养突出的。如果是硕士毕业就走向职场的，今后决定他们职业前途的，绝不是考到手的专业技能证书，也不是在学校里学的那些“硬技术”，而是及时发现和准确概括问题以及提出解决之道并给人留下深刻印象的能力，这还是要运用文科专业素养。

央行工作论文错在哪里？

现在回到央行的那篇工作论文，其观点若有错，错在哪里？

其实，这篇工作论文关于“文科生过多导致落入中等收入陷阱”的观点犯了逻辑上的错误，而且是简单的逻辑错误。一是绝对判断，没有任何证据，就说文科生过多导致了国家落入中等收入陷阱。二是因果颠倒，中等收入陷阱是结果，导致一国落入中等收入陷阱的原因很多，文科生过多不一定是原因。三是轻率归纳，可能有个别东南亚国家出现过这种情况，但将之概括成所有东南亚国家的共同现象，这是典型的轻率归纳，过急地得出一般性的结论，英文叫“hasty generalization”。这与事实也完全不符，新加坡是东南亚国家，却早已进入高收入国家行列。此外，对于东南亚国家是否真的文科生过多，该文也无任何事实交代，更无数据证明。网上有人说，该文的作者就是文科生，得出如此结论还是因为没有掌握过硬的文科本领。

不过，对于该文建议重视理工科教育的观点，笔者此处倒是要“力挺”一下。中国改革开放40多年取得如此巨大的发展成就，中国的工业化水平远远高于人均GDP相同或近似的其他国家，应该和“工程师红利”有密切的关系。中国还不是富裕国家，理应将更多教育资源配置在理工科专业学生的培养上（关于这一点，可以另写一篇文章论证，本文因篇幅所限不再细述），现在过早地出现文科毕业生多于理科毕业生的现象，不是一个理想的资源配置结果。中国每年从大学文学专业和艺术专业毕业的大学生分别有36万和37万人，而从医学院毕业的只有26万人，哪种人才更是社会之急需？一眼便可看清。

最后提及一点，并非不重要的一点。在当前复杂的国际环境下，国家与国家之间的竞争将更加聚焦科技领域，美国都在呼吁要加快对“STEM”（四个字母分别代表科学、技术、工程和数学专业）人才的培养，中国在国家现代化建设时期，工程师的规模应进一步扩大。为此，教育主管部门应当提高管理水平和效率，促进高等教育资源的配置朝合理化的方向发展。

（作者为东南大学经济管理学院教授）

我与广东中青年经济研究会

李江帆

广东中青年经济研究会是20世纪90年代由广东经济学界中青年学者组织、广东经济学会下属的学术团体。作为该会的创会会长，当我回忆起研究会创建和发展的历程，年轻朋友们在研究会活动中表现出来的相互尊重、相互支持和团结合作时，感到非常欣慰，对经济学界老前辈热情扶掖新一代的高风亮节，更是怀有深深的敬意。

研究会的筹备可上溯到1994年1月6日。那日，广东经济学会会长曾牧野研究员，副会长宋子和、张元元、关其学、石祖培、王光振、丁家树教授等老同志，约请广州重点高校和科研机构几位年轻学者——华南师范大学李江帆教授、华南农业大学温思美教授、暨南大学张炳申副教授、广东省社会科学院李新家副研究员、广东省委党校黄铁苗副教授、中山大学董小麟副教授到广东省社会科学界联合会开会。

曾牧野研究员殷切地对我们说：近年来，我省经济学界涌现了一批素质好、学术水平高、思想活跃的青年同志，发表了不少高质量研究成果。我们需要一个学术团体把大家团结起来，更好地发挥青年学者的作用。一些青年同志也表达过这一愿望。对此，经济学会开会长会议研究过，大家推荐了6校2院几位比较突出的年轻同志，请你们来开会，商量一下筹建一个青年经济研究团体的事。

对老同志的这一建议，到会年轻同志非常赞同，因为这反映了年轻朋友们希望更多地参加学术活动的要求。我从切身经历中，也深深地体会到，一个学者，特别是初出茅庐的年轻学者，是很需要通过经常参加学术团体的活动走向学术界的。因此，组织一个青年经济研究会是很有必要的。

不过，当大家谈到青年研究会时想到，共青团的“青年”概念是14—28岁，而到会的7位年轻学者中，有5位已届“不惑之年”。我则是其中的“老前辈”，当年已年近43岁了。我们还好意思参加青年团体吗？但是，如果按共青团的“青年”概念建立研究会，就会将一批三四十岁的佼佼者排除在外。正当大家犯难时，有同志说，据说联合国有一个标准，45岁以下的还属青年。这给了“大青年”们参加“青年”活动一个理由。大家说，干吧！到会同志推举我和温思美主持筹建工作。

1994年1月21日，我和温思美、张炳申、李新家、黄铁苗、陈广汉、沈贵进、李惠武、郑方辉等在省社联开会。会议决定：筹建的团体名称定为广东青年经济研究会，是广东经济学会二级研究会，会员为45岁以下的青年人；将通过向广东省青年经济学界征文的方式，筹建研究会；在《南方日报》、《羊城晚报》和《广州日报》刊登征文信息，论文颁奖和研究会成立大会将在8月召开；聘请评审委员会评定论文奖项，自筹评奖奖金，奖励赞助的联系者，出版获奖论文集；起草研究会章程。曾牧野、张元元、宋子和等同志参加了这次会议，并决定由广东经济学会资助我们筹建经费4万元。张元元教授语重心长地对我们说：“广东经济学会的优点一是团结，二是联系实际。希望你们继承这一传统。”

此后，我们便紧锣密鼓地开始了筹备工作。1994年6月17日，研究评奖、章程和会议安排。7月2日，讨论了成立大会的地点和研究会领导机构的设置。7月12日，召开发起单位筹备会议。我向大家通报了筹备情况；张炳申通报了论文的4次评奖情况；温思美介绍了会议筹备情况；沈贵进介绍了研究会的筹建情况。经协商决定，6校2院各推荐一人任正副会长。会议还决定聘请曾牧野、宋子和、王光振、石祖培、陈铁、李华杰、马恩成同志为评奖学术委员会成员，最终评定论文奖级。7月16日，我和思美向经济学会领导汇报研讨会和研究会的筹备经过、评奖情况、研究会机构和成立大会安排。8月2日，再次开筹备会，讨论会议通知、获奖论文、研究会章程和大会议程。8月22日下午，开会研究了会场布置、食宿、回条、聘请顾问、宣传部领导讲稿、会议新闻发布、接待工作等问题。8月25日下午，我在华工科技交流中心508房主持了最后一次筹备会议。思美报告筹备情况，贵进介绍大会议程和理事会人选安排，大家进行了讨论。至此，一切准备妥当了。

1994年8月26日上午9时35分，广东青年经济研究会成立大会暨中国经济改革与经济发展理论研讨会在华南理工大学邵逸夫科学馆隆重开幕。参加会议的有80多位来宾（包括获奖论文作者、发起单位代表）。我主持了开幕式。温思美同志首先介绍了青年经济研究会的筹备和征文的评奖情况。接着，广东经济学会会长曾牧野研究员、华南理工大学钟肇副校长、广东省政府发展研究中心李超副主任、广东省委宣传部刘斯奋副部长先后在会上发表了热情洋溢的讲话。邓杜廉同志宣读了中共广东省委副书记黄华华同志的贺信。温思美同志宣读了获奖名单。最后在喜气洋洋的气氛中举行了颁奖仪式，与会全体同志合影留念。

1994年8月26日下午，参会人员发言。8月27日上午，分组进行学术交流，并讨论研究会的章程。8月27日下午，思美主持会议，各小组汇报讨论情况，对研究会章程、理事人选作了说明。最后，通过了广东青年经济研究会章程和领导机构。我被选为会长，温思美为常务副会长，沈贵进、廖曙辉、张炳申、黄铁苗、李新家、陈广汉、李惠武、邓杜廉、唐大进、梁伟发任副会长（后增补刘昌平、吴杰、王珺为副会长）。沈贵进兼秘书长。

接着，我登台作就职演说。我主要谈了今后研究会工作的几点设想。

一是活动形式。我指出，研究会是一个松散型学术组织。从会员特点看，大家各有工作单位，有自己的本职工作；从研究会的特点看，它是学术组织而不是实体组织。研究会靠共同兴趣、合作课题、经济利益、共同活动（交流、互访、征文、评奖）来维系。

二是活动依托。我认为，依托之一是人员。历史经验证明，这是搞好研究会的关键。要热心研究会工作，有奉献精神（贡献自己的时间和精力）、工作能力和责任心。参加我们研究会的有三层次的人员：第一层次的是35—45岁（尤其是40岁以上的）的正副教授，主要负责出谋划策、后台支持。一来这些人科研任务重，科研经验丰富，可出点子。我引证了华南师范大学党委书记黄茂春讲的“典故”——教授的优势在于知道哪里有“兔子”，副教授的优势在于按教授的指点打“兔子”，讲师在副教授打了“兔子”以后去捡“兔子”。二来他们已属“大青年”，不太好意思“冒充”青年。第二层次的是25—35岁的，特别是从外地调入的博士研究生、硕士研究生，应在前台，研究会的主要工作应由他们来干。这是因为他们时间、精力都相对多，过去参与广东学术圈的活动的机会少，承担的科研课题相对少，现在有机会了。第三层次是25岁以下真正的青年，包括在校的本科生、研究生，主要协助研究会工作。依托之二是经费。要发展市县领导、企业家入会，争取课题经费，争取政府资助，承包经营搞实业、拉赞助。

三是活动原则。我提了五点。一是政治原则。这是研究会的方向。青年经济研究会要创牌子，要在全国、全省层次上形成好影响。二是物质利益原则。对为研究会争取赞助的要给予奖励，争取赞助不是纯义务。三是合作补台原则。这是广东经济学界的好传统，我们要继承，在研究会工作中加强团结协调，在学术上不搞门户之见。四是坚持真理、修正错误的原则。卓炯老前辈在这方面的高风亮节为我们年轻人树立了好榜样。五是自愿原则。研究会要靠其凝聚力吸引青年人自愿参加活动。此外，我还谈了活动项目和活动机构问题。

广东青年经济研究会成立后，抓了几件工作，取得了成效。一是很快出版了《中国经济改革与经济发展》获奖论文集。二是组织课题组，在 1994 年 10 月 9 日启动研究广东建设社会主义市场经济的经验项目，该项目后获中宣部“五个一工程”奖。三是 1995 年 5 月与广东省青年社会科学工作者协会联合在东莞举办“迈向 21 世纪的珠江三角洲经济区研讨会”，为省委、省政府提供决策意见。这次会议有 90 多人参加，从策划、筹措经费、落实会议安排，到提交论文，充分运用了传真通信、电脑排版等现代办公手段，提交大会的论文磁盘在很短时间内就被印刷成论文集，在会议召开之前发给会议代表。会议一改“单向”报告会的旧会风，采取“seminar”形式，预留提问和讨论时间。会议的高效率和“新潮”一时在学术界传为佳话。我们的研究成果也引起了有关部门和研究者的重视，会议过后，还有不少同志陆续索要论文集。

1996 年初，我被国家教委公派去美国哈佛大学当高级访问学者半年。留家的思美、永杰、杜廉、铁苗等同志与湛江市委市政府商定合办的“粤西经济区改革与发展研讨会”已到了倒计时阶段，不料一场严重台风使湛江损失惨重，财政困难，此会被迫放弃。

1996 年 11 月 27 日，我从美国回来后在广东财贸管理干部学院主持举办了 1996 年年会“宏观经济运行分析研讨会”，参会者 50 多人。

1997 年 11 月，研究会在全省征文后于肇庆市召开“广东中青年经济研究会 97 年会暨改革与发展研讨会”。这也是本会第二次征文颁奖会，参加者 80 多人。此前不久，按照常务理事会的意见，我会已改名为广东中青年经济研究会，会员年龄在 50 岁以下。

此外，1995 年 11 月，在广州举办“国企改革与发展论坛”；1996 年 5 月，与广东体改研究会联合举办“国企改革论坛”等小型活动。

1998年7月20日，研究会在华南师范大学举行第二届理事会换届会。会议由思美主持，我作了研究会工作总结。永杰对换届会的筹备工作和理事会候选人名单作了说明。在年轻朋友们的支持下，我连任会长，思美连任常务副会长，其他副会长基本连任。一些在学术界、政府部门和企业界做出了显著成绩的年轻同志也加入了常务理事会的行列。新增马壮昌、邓伟根、李永杰（兼秘书长）、胡军、罗必良为副会长。

2000年6—7月，在台山召开广东中青年经济研究会年会暨广东率先实现现代化理论研讨会。

在我调入中山大学管理学院并任中山大学中国第三产业研究中心主任不久后，2001年9月8日，广东中青年经济研究会、中大管理学院、中山大学中国第三产业研究中心在中山大学联合召开中国城市居民服务业国际研讨会。

2001年10月20日，在华南农业大学经贸学院召开2001年年会“经济学回顾与展望”。

回顾广东中青年经济研究会10年活动，我感到研究会的工作是卓有成效的。研究会为我省中青年经济学者提供了一个加强联络沟通和进行学术交流的场所；密切结合现实经济发展，发挥学术研究的理论指南作用；促进了中青年经济学工作者队伍的成长壮大。第一届理事会（1994）有教授2人，博导1人；第二届理事会（1998）有教授12人，博导5人；到第三届常务理事会（2003），有教授31人，博导23人，厅级干部2人。

广东中青年经济研究会办得有声有色，是研究会同仁共同努力的结果。我认为，主要有五个因素。

第一，有一个团结、协调的常务理事会。正如思美所说，这是一个“同仁会”。同志们志同道合，互相“补台”，把工作搞好。

我至今还记得：铁苗在成立大会给在主席台主持会议的我递纸条，提醒我别忘了在大会上向上级领导、来宾、赞助单位表示感谢。在研究会的知识产权受到侵犯时，思美、炳申和我连夜多次进行三方通话紧急磋商，选择了较妥善的解决办法。杜廉主动出主意邀请青年艺术家惠赠画作给研讨会赞助单位，为与会青年朋友增光不少。

第二，坚持研究会的学术团体性质，工作重点放在学术研究上，不把它变成争名逐利的场所。大家见困难就上，见学术重担就挑。我们的博士研究生因工作需要担任会务组“打杂”工作，毫无怨言。不少同志想方设法筹措经费，为的是支持学术年会。炳申在研究会成立之初，不顾本职工作的繁忙，主持了“五个一工程”研究任务，为集体争得了荣誉，在获得奖励时，他提议按比例将奖金上缴研究会。在本会征文时，评审公正，不照顾关系，拥有“生杀大权”的教授、博导评委们的论文均不参加评奖；所有参评论文的作者和单位都匿名，不论职称、职务，完全按论文质量评出好文章。

第三，有一批热心研究会工作、有奉献精神、特别能干的年轻同志。贵进任秘书长期间，主动操办了研究会的许多具体工作，从草拟章程、刻制印章、开设账户、出版论文集，到印制信笺，事必躬亲，井井有条。永杰代理秘书长期间，筹办了多次学术交流活动和征文评奖活动。为了筹办肇庆会议，他多方奔忙，投入不少时间精力，终于实现预定目标。我特别要提的是研究会首届理事会的副秘书长们，如中山大学李善民、社科院罗福群、华南农业大学罗必良、暨南大学肖立见、华南理工大学梁经锐、省财贸干院鲁开垠、经济出版社戈晓宇、经济学会黄锡钦等同志，组成一个高效率的工作班子，不计报酬地为研究会做了大量工作。必良负责“迈向21世纪的珠江三角洲经济区研讨会”论文的编辑印刷工作，收到论文磁盘后一个星期就印出了论文集，其高效率和高速度，创造了广东经济学会的最高纪录。

第四，老一辈经济学家和社会各界朋友们的支持。省经济学会的老同志除了倡导成立青年经济会外，还经常关心研究会的工作，从思想、组织、经费上给予支持。企业界、新闻界的朋友们，也热心支持研究会的工作。这是我们研究会搞好工作的重要条件。

第五，研究会有好的运行机制。主要是重大问题集体讨论、集体决策；工作任务分工合作，配合默契；队伍精悍高效；注意实现集体利益和个人利益的统一。

研究会在前进的道路上也遇到了一些困难和问题。主要是经费不足，学术影响力不够大，一些好设想未落实。我们要进一步加强学术研究，提高广东中青年经济研究会的整体学术水平和在全国的知名度，提高为现实经济服务的能力和水平；加强开发工作，筹措经费；健全各个中心的工作；为青年同志的发展铺路搭桥。

2003年，我已连任10年会长，达52岁“高龄”，超过我们定义的“中青年”年龄（50岁）了。我主动提出让贤。广东中青年经济会将迎来创会以来最重要的新老交替，一批参与创会的“老革命”，因自然规律，将淡出“中青年”时代，一批后起之秀迅速崛起。

2003年8月22日，广东经济学会中青年经济专业委员会换届大会在中山大学管理学院课室召开。我作了题为“广东中青年经济研究会十年回眸（1994—2003）”的多媒体报告。我把PPT配上广东音乐，从5个方面总结了广东中青年经济研究会的十年工作：

（1）前奏：《春天的故事》（建立研究会的背景）。（2）开场锣鼓：《赛龙夺锦》（筹备和成立的过程）。（3）第一乐章：《步步高》（第一届理事会工作）。（4）第二乐章：《彩云追月》（第二届理事会工作）。（5）追思曲：《往事难忘》（活动经验与体会）。在与会代表的热烈掌声中，我把会长“接力棒”传给了温思美教授。

回想起来，我主持10年的广东中青年经济研究会之所以得到同行好评，与我对研究会工作用心和舍得花精力、花时间搞好研究会当然有关。虽然我本职教学科研一直很忙，但我作为会长参加学会活动，只能甘心时间被“套牢”。正所谓“一分耕耘一分收获”，“蜻蜓点水”就不会有好效果，“既要马儿跑得快，又要马儿不吃草”是不可能的。

常务理事会一班人的志同道合也是很重要的。我对在研究会10年的老友们的“补台”合作至今心存感激，难以忘怀。

更重要的是，研究会的发展与天时、地利、人和是分不开的。“天时”就是“春天的故事”，即改革开放的大环境；“地利”就是和谐包容的广东沃土；“人和”就是和谐的人文氛围。一批初出茅庐的年轻学者在改革开放大潮中，从全国各地来到广东，很需要一个学术活动平台显露才华、施展拳脚，而广东中青年经济研究会正好为刚出校门的年轻人提供了一个步步高的发展天地（人才孵化基地）。

正是研究会的发展与个人自我价值的实现的相互促进，使年轻人热心中青年经济研究会的公共事务，见困难就上，见重担就挑，有困难积极解决，使研究会的事成为大家关心的事，这样研究会有活力、有动力。我看到一些研究会没活力，难以为继，其重要原因是缺乏“天时、地利、人和”，人们无法获得“彩云追月”的机会和动力。

作为第一届和第二届会长，我从广东中青年经济研究会前后十年的理事会职称、职务变化，可以欣慰地看到，很多年轻人是在中青年研究会崭露头角，一步一个脚印成长，从理事、常务理事，到副秘书长、副会长、会长，从经济学界的“菜鸟”，成长为广东以至全国经济学界的“大咖”的。

值得高兴和怀念的是，在我的中青年时代，我不仅见证了年轻一代的步步高，而且为其成长进步尽力；与此同时，我也收获了自己学术人生发展的精彩和愉悦，还有经得起时间考验的友谊。深切缅怀和感谢扶掖广东中青年经济研究会和我们成长的老一辈经济学家，深深怀念广东中青年经济研究会的朋友以及在研究会工作中结下的真挚友情。

再见吧，我奋斗了整整十年的广东中青年经济研究会！再见吧，难忘的中青年时代！

（作者为中山大学管理学院教授，中山大学中国第三产业研究中心主任）

小三线大格局：从事小三线建设研究八载忆述

徐有威

现在回想起来，有五个时间节点，在我的小三线建设研究的学术生涯中，具有非常意义。

第一个节点是2008年12月29日，时任上海档案馆编研部主任的邢建榕学兄到上海大学历史系举办讲座。讲座中，他偶然游离主题之外，提及他曾经翻阅过上海档案馆馆藏的上海小三线资料，发现它们“非常有趣”。这是我第一次听说世界上竟然有小三线这回事情。建榕学兄这句无心插柳之语，犹如一道透过乌云的曙光，照亮了我未来的学术人生道路。第二节点是2013年11月11日，我申报的《小三线建设资料的整理与研究》获批2013年度国家社科基金重大项目的资助。2013年从此成为我的小三线建设研究的元年。第三个节点是2021年5月24日，我得到国家哲学社会科学办公室的通知，我的国家基金重大项目获得结项，结项评语为：“经审查予以结项，等级免于鉴定。”第四个节点是2021年7月1日，我拿到了由上海科技文献出版社出版的8卷本约302万字的《新中国小三线建设档案资料与研究集成》（第1辑）。这是由国家出版基金2020年的资助项目，其从前期的寻找整理到后期编辑校对，历时10年。该书将成为三线建设研究第一种大规模资料汇编而造福学界。第五个节点是2021年8月13日，我和中国社会科学院当代中国研究所陈东林研究员合作主编的《小三线建设研究论丛》（第七辑，上海小三线建设者回忆录）（上海大学出版社2021年版）出版。该论丛第一辑出版于2015年，截止第七辑，字数共约为373万字，它是国内外第一种以小三线建设研究（同时包括大三线建设）为主题的学术出版物。

这五个时间节点是我的小三线建设研究过程中的几个亮点。但是，我更加要说的是，这是全国范围内无数的三线建设亲历者、研究者和相应从业人员默默奉献的结果。本文提及的三线建设，包括由国家投资的大三线建设和由全国各省区市自行投资的小三线建设。

二

据笔者不完全统计，2013 年至 2020 年，全国约共有 74 个有关三线建设的项目被准予立项。这些项目包括国家社科基金重大项目 2 项（2013 年度和 2017 年度）、教育部社科重大项目 1 项（2018 年度）、国家出版基金 1 项（2020 年度）、国家社科基金一般项目（包括青年项目和西部项目）7 项、国家自然科学基金项目 1 项。同时还有省部级项目（如四川省社科重大项目 3 项），各大专院校和地方政府项目。具体情况如下：2013 年 8 项，2014 年 4 项，2015 年 6 项，2016 年 7 项，2017 年 9 项，2018 年 13 项，2019 年 18 项，2020 年 9 项。其中国家基金重大项目、教育部哲社重大项目和国家出版基金这三大基金，在全国社科领域具有指标性意义。顺便补充一句，近年来的全国三线建设研究成果的衍生产品有 1 部电影、4 部文献纪录片和 2 次摄影展，还有 2021 年度四川大学和华中科技大学分别获得的全国大学生挑战杯的特等奖。

与此同时，从 2009 年以来，有关三线建设的研究论文的数量和质量，也有逐年大幅度提高的良好趋势。

表 1　　2009—2020 年三线建设研究文章出版数量统计表（篇）

年份	大三线建设	小三线建设	核心期刊	硕士学位论文	博士学位论文
2009 年	2	0	0	0	0
2010 年	30	2	0	4	0
2011 年	36	3	5	2	0
2012 年	24	10	5	3	0
2013 年	46	5	9	1	2
2014 年	68	24	10	5	1

续表

年份	大三线建设	小三线建设	核心期刊	硕士学位论文	博士学位论文
2015 年	64	11	7	7	0
2016 年	56	17	11	5	1
2017 年	66	9	6	9	0
2018 年	54	13	14	9	1
2019 年	133	7	14	11	0
2020 年	76	28	23	10	1

数据来源：中国知网。

上述表中，还没有展现出《新华文摘》、《中国社会科学文摘》和中国人民大学《报刊复印资料》（包括中国现代史分册和经济史分册）等三大文摘的多次转载，也没有展现杂志《中国社会科学》（英文版）出版一篇论文的情况。一般人很难想象，在中国当代史下属的一个名不见经传的旁支，在十年左右的时间中，会有如此的异军突起。

上述提及的《小三线建设研究论丛》，我们约请了包括全国三线建设研究者和其他相关当事人 57 位朋友（包括从本科生到博士后的多位学生），撰写文章回顾他们的研究经历，有兴趣的朋友可以从中看到三线建设研究一骑绝尘现象出现后的故事。

二

梁启超曾言“少年强则国强，少年进步则国进步”，在小三线建设研究这个新兴领域中，更是如此。

我经常对我的研究生说：中国当代史的研究领域和其他中国史的研究领域非常不同的地方在于，因为它是新兴学科，很多老师以及我，和你们是站在同一条起跑线上的，有的地方我们还不如你们，因为我们不可能和你们一样有时间整天泡在档案馆中，或在去采访亲历者的路上。在全国乃至全世界范围内，我只要遇到年轻的同行朋友，都不厌其烦地重复这套说辞。

凡是熟悉中国当代史研究现状的朋友，经常告诉我一些彼此心领神会的困惑和迷茫。而我经常在各地做有关小三线讲座时，鼓励那里的年轻朋友：什么叫工作？工作就是斗争。那么，具体怎么“解套”呢？我在广州建议当地的年轻朋友可以先做广东小三线建设研究，取得阶段性成果后，乘势研究广东当代工业史。在此取得一些成果后，就接着开展对广东当代史的研究。因为这些广东小三线本质上是一个同心圆，有一定的逻辑关系。如果一位年轻博士毕业，三十岁开始这个研究规划并坚持不懈二三十年，他很有可能就是广东当代史研究领域当之无愧的专家。而广东这个地名，可以替换为中国所有 29 个有小三线建设项目的省区市的地名，用现在的流行语就是“可复制、可推广”。在这一长期的研究过程中，这位朋友因为时刻接触当代史的各类资料乃至人脉，属于当代史研究能征惯战的一线骁将，如果他有宁静致远的情怀，有触类旁通的能力，则对中国当代史的整体把握，也因此更上一层楼。钢铁就是这样炼成的。

鉴于小三线建设分布在中国（除台湾外）的所有省区市，我建议各地对大小三线建设进行研究的朋友，根据自己的学科特点、区域特色和各类资料，开疆拓土，就地取材研究各地的相应课题。比如，我建议山东师范大学的朋友，研究山东小三线；建议桂林医学院的朋友，研究以广西河池为中心的广西三线建设；建议江西科技师范大学的朋友，专攻江西三线建设研究；建议青海师范大学的朋友，开展青海大小三线建设的研究；建议中南财经政法大学的朋友，开拓湖北小三线建设研究；建议湖北十堰的湖北汽车工业学院的朋友，依托老东家二汽集团，研究十堰这个因大三线建设而兴的城市的故事；建议湖北宜昌三峡大学的朋友，研究三线建设背景下的水电业；建议陕西汉中和四川绵阳的朋友，研究北京大学和清华大学内迁故事；建议四川攀枝花学院的朋友，研究三线建设背景下的中国当代文学；建议四川攀枝花党校的朋友，汇编出版三线建设研究论文的论丛；建议有安徽背景的东华大学的朋友，研究安徽小三线建设。长风破浪会有时，直挂云帆济沧海。我充满信心，期待着在可预期的未来，有来自各地频传的捷报。

有一些曾经以三线建设作为硕士和博士学位论文的研究生，毕业后没有在高校历史系工作。按照传统的思路，他们和过去的三线建设的研究，就此永别了。但是，我鼓励他们就近开展相应的研究。一位毕业于兰州大学历史系的同学就业于老家安徽芜湖的一所高职学院，我就建议他研究有着上海小三线背景的现在位于芜湖的海螺水泥集团；一位中山大学历史系毕业的同学，就业于广东韶关市委党史研究室，我就建议他继续做广东的小三线研究，因为韶关历史上曾经有过不少小三线企业。

三

发表论文难，发表核心杂志的论文更加难，年轻学者特别难，这是历史学界的共识。我有一个习惯，凡是去每个有小三线建设的省区市实地调查时，都特地去该省区市的社科院，向它核心杂志的院刊编辑介绍我的小三线研究和全国三线建设的研究情况，由此得到很多编辑朋友的热忱响应。我在举办三线建设的学术会议时，还特别约请这些编辑朋友参加我们的会议，加强彼此的了解。

记得在 2019 年 6 月的江西南昌“首届中国三线建设史研究工作坊”会议期间，来自《江海学刊》、《史林》、《江西社会科学》和《贵州社会科学》等杂志的编辑参加了会议。在 2019 年 11 月湖北宜昌举办的“记忆与遗产：三线建设研究高峰论坛”中，我邀请《当代中国史研究》、《宁夏社会科学》、《贵州社会科学》和《史学月刊》等杂志编辑共享其盛。

又记得在宁夏银川拜访宁夏社科院《宁夏社会科学》主编许芬研究员时，意外获悉她是从辽宁到宁夏银川支援三线建设的第二代。随后她特地到湖北宜昌参加我们的三线建设会议。她告诉我：会议论文中讲的事情，都是我小时候的亲身经历啊！随后许主编在《宁夏社会科学》开设了三线建设研究的栏目，亲自做责任编辑，仅在 2020 年第 2 期和第 4 期就发了 2 组 6 篇文章；2021 年第 2 期出版了一组笔谈 5 篇。在一年半的时间内，一家核心杂志高密度地出版了 11 篇三线建设研究文章，实属全国罕见。

更有素不相识的广州《开放时代》杂志主编吴重庆教授，从上海大学历史系的网站上找到我的电子邮箱，写信向我约稿，先后帮助组织出版了 2 组 6 篇文章（含译文）。他还热情介绍我认识福州的杂志《东南学术》的编辑朋友。什么是传说中的好杂志、好编辑？这样的就是。

在我的研究过程中，得到诸多朋友的鼓励，特别是媒体朋友的帮助。我们的研究得到包括《人民日报》、《光明日报》和《中国社会科学报》等在内的主流纸媒关注，同时得到人民网、新华网和澎湃新闻等主流网站和新媒体的帮助。澎湃新闻为我的小三线研究特别开设了一个特别栏目“小三线建设口述史”。澎湃新闻近年来上线我们的研究的文章，累计字数已近100万字。澎湃新闻曾经派记者罗昕小姐随我们深入皖南实地采访。记得那次我们结束采访在开车回上海的路上，罗小姐撰写的报道文章就已上线。新华社安徽分社社长王正忠兄获悉我的研究后，安排记者王立武兄，在我的陪同下二次深入皖南采访。随后他撰写了1篇内参，此外，3篇报道文章在新华网上线，1篇报道文章由《新华每日电讯》刊出。这一组合拳的文章在国内产生了很大的影响。

朋友们的帮助无处不在。本文标题，就是当代史研究的著名学者、上海社科院历史研究所金大陆兄所赐。大陆兄的评论，言简意赅，寓意深刻。他对我的《口述上海：小三线建设》（上海教育出版社2015年版）一书的评论是："上海小三线建设的研究，可上下呼应政治与经济，左右贯通五湖与四海，内外串联城镇与社会，是当代中国史研究的好选题、好路径。"这些既有入木三分的内涵，又极为工整乃至对仗的语句，令人不由得拍案称绝。借此机会，我向大陆兄和所有曾经帮助过我的朋友们，唱个肥诺，遥致由衷的谢意和敬意。

四

2021年5月，在我的国家社科基金重大项目结项之后，我的小三线研究还在路上。

正因为三线建设研究是一门新的学科，如何缜密地做好学科建设的顶层设计，既轰轰烈烈又扎扎实实地做到大陆兄期待的"小三线大格局"，走得稳、走得好、走得远、走得潇洒，与时偕行、开枝散叶，对得起这座可遇不可求的"富矿"，是值得我们这些研究者深思的重大课题，远比申请几个单纯的科研项目重要得多。

当然，宏观设计和微观处理要齐头并进。在未来的几年中，我计划做以下几项工作。

在全国30多家大学和地方党校朋友的支持下，在上海科技文献出版社的鼎力支持下，我计划2022年推出《三线建设研究四十讲》，为日后在全国各高校和党校开设三线建设课程，迈出实质性的一步。

整理和出版大量各类史料，是三线建设研究这个新兴学科的当务之急。我计划和上海科技文献出版社进一步合作，再次申请2022年度国家出版基金，推出

《新中国小三线建设档案资料与研究集成》（第2辑）。这辑的内容将和上海档案馆合作，选编他们馆藏上海小三线的档案资料。无论从哪个维度看，上海小三线在全国29个省区市小三线建设中，都是首屈一指的。因此上海档案馆的小三线资料的整理和出版，具有非常重要的价值。我和陈东林研究员会继续合作，在已经出版的七辑《小三线建设研究论丛》（上海大学出版社，2015—2021年版）的基础上，继续推出之后各辑。

我计划乘势而为，在未来开展后"小三线"建设的项目的研究。近年来我在实地调查研究全国"小三线"时，足迹所至约20个省区市的原小三线企事业单位遗址，意外发现这些企事业单位并没有像江湖传说中的均已不复存在，而至少约30%有着"小三线"背景的企事业单位，在20世纪80年代关停并转之后，不但以各种各样的方式存活了下来，而且"活"得有滋有味，为国家的军工建设乃至民生建设，特别为当地的社会经济的发展，做出了难以想象的贡献。

对于这个课题，我称之为1960—1980年代的原小三线以后的后小三线研究，时间跨度为1980—2020年代。这样打通1960—2020年代，完整和长时段地考察中国当代史上的这个主题，把三线建设研究作为中国当代史研究的一滴水，一定更有学术以及现实意义。

"其作始也简，其将毕也必巨。"作为中国当代史研究的一个新课题，小三线建设乃至三线建设的研究刚刚起步。百尺竿头，才能更进一步。我们已经取得了一些成绩，但是在未来肯定会遇到困难。我经常把我的经历，作为克服困难的法宝告诫我的研究生。

在采访小三线建设亲历者时，我和我的研究生们经常遇到被采访的老同志流泪叙述往事的事。我自己就有类似的经历，一次在上海采访一位年过八旬的老同志，另外一次在海南海口的座谈会上有一位小三线二代，他们都是哽咽得不能自已。对于我这个在花团锦簇岁月中长大的"60后"和"90后"的研究生们，这些都是终生难忘的经历。由此我经常勉励我的学生，同时自勉：我们在研究过程中遇到一些困难算什么，看看这些老同志，他们的泪水、汗水乃至血水，应该永远成为我们克服困难、不断前进的动力！

（作者为上海大学历史系教授、博士生导师）

都市圈形成的经济历史思考

邱 斌

2021 年 6 月 10 日，应南京市归国华侨联合会（南京市侨联）邀请，我在南京都市圈发展高峰论坛上作了以“双循环发展格局与都市圈高质量发展”为主题的报告。来自南京都市圈两省（江苏省和安徽省）9 市的侨界代表 170 多人共聚一堂，成立了城际侨界联盟，共商南京都市圈发展大计。我在演讲中所提及的历史上的“江南省”概念和南京作为民间“徽京”的横跨两省的长三角经济带重要节点城市说法引起了大家的浓厚兴趣，会后仍然有不少与会者继续与我以各种形式探讨都市圈的经济发展。

一、缘起

作为我国最早启动建设的跨省都市圈，南京都市圈具有重要的战略地位，也恰恰因为地跨苏皖两省以及联结我国东部和中部两大板块而一直引人注目。南京都市圈的南京、镇江、扬州、淮安、芜湖、马鞍山、滁州、宣城全域以及常州市的金坛区和溧阳市加起来的总面积达 6.6 万平方公里，常住人口到 2019 年末达到 3500 万，地区生产总值近 4 万亿元。这样一个地区生产总值，放在全世界可以排在第 20 名左右，可以超过波兰、比利时、阿根廷、马来西亚和新加坡等 100 多个国家。加以南京市本身 2020 年人均 GDP 位列全国第 3，人均消费位列全国第 1（非正式统计），这些数字引起了大家的浓厚兴趣。仅以上述非正式统计的南京市人均消费全国第一为例，这个现象在南京都市圈以外的人看来颇为费解，但在南京都市圈的人看来一点都不奇怪，因为作为“徽京”的南京，早已把周边都市圈城市中的相当多的居民吸引到南京来消费。以位于南京新街口的“中华第一商圈”消费为例，2020 年总销售额近 600 亿元，其中德基广场一家店 2020 年销售额即达到创纪录的 156 亿元，仅次于北京 SKP（177 亿元，超过了英国哈罗德百货成为全球“店王”），销售额位居中国第二。毋庸置疑，南京都市圈各城市，尤其是靠近南京的镇江、扬州和安徽省的马鞍山、滁州各市居民贡献了相当高的消费份额。

都市圈是城市群内部以超大城市、特大城市或辐射带动功能强的大城市为中心，以 1 小时通勤圈为基本范围的城镇化空间形态。辐射带动功能强的大城市，通常指 Ⅰ 型大城市（中心城区 300—500 万人）或辐射带动功能强的 Ⅱ 型大城市（中心城区 200—300 万人口）。都市圈又称都市区、大城市圈；多个相邻的都市圈组成城市群（或城市带、大城市连绵区）。

当然，上述定义中的 1 小时通勤圈可能说得绝对了一点，因为这取决于特定都市圈的地理范围大小以及当地普及的通勤方式。例如，对以日本新干线和中国高铁为代表的东方都市圈而言，1 小时的通勤圈相对现实一些，而这都是近几十年的事情。日本是第二次世界大战后以东京举办 1964 年夏季奥运会的基础设施建设为转折点，中国高铁则是近 20 年快速兴建起来的。在像以美国为代表的“车轮上的国家”，都市圈的通勤时间可能相对更长一些。即使在以著名的“欧洲之星”为代表的欧洲“高铁”所联结的地区，以我在欧洲的数次考察和经验来看，该列车更重要的作用是把欧洲（特别是西欧）的主要城市连接起来，尚未达到（也没必要）形成跨国都市圈的作用，因为以伦敦和巴黎为中心城市的都市圈都是自成体系的。

二、现代城市（都市）的形成

在当今都市圈规划和发展如火如荼的年代，人们可能不曾想到，从人类城市的出现到城市的快速发展，再到都市圈的蓬勃兴起，这中间经过了漫长的过程。城市发展史上最著名的一个早期例证是，著名哲学家亚里士多德早在公元前 5 世纪就宣称希腊建筑师希波达姆斯（Hippodamus）创造了城市规划这门艺术。事实上，考古研究表明，亚洲以印度河谷主要城市为代表的城市规划比古希腊的城市规划要早两千年。按照李零先生《波斯笔记》里的说法，希腊城邦都是蕞尔小国，并且都是高度自治的国家，主权独立，谁也管不着谁，在受强敌威胁时才临时抱团，都是松散联合。从这个意义上说，分布在地中海沿岸的希腊城邦只是个地理范围较大的非政治实体。这种古代文化其实也一直延续到当今欧洲的政治文化中。例如，就欧盟的运行机制与货币制度及财政制度而言，形成“合力”并非易事，反映在欧洲各大城市之间的经济与政治联系上，也是相对“散漫”的，甚至有太多“分散”的力量遍布其间。

研究城市经济与城市发展史，也有如李零先生所说，“一部十七史从何说起”。且让我们跨越数千年的时空，说一说真正意义上的现代城市的出现及其发展。众所周知，城市是随着生产力的逐渐发达、农业社会逐渐强盛起来的。与此同时，手工业活动逐渐脱离农业活动，手工业从事者和一部分有特殊技能的人（如艺术家）得以摆脱繁重的体力劳动，从而聚居在一起形成城市。值得注意的是，城市的形成向来和农业活动紧密相连，这与城市向其周边的农业活动提供机器和各类基础设施有很大的关联性，这一特点在芝加哥的都市圈的形成过程中表现得尤为明显，在本文后续内容中也会再次提及。

毫不夸张地说，从产生了剩余产品后的农业革命及城市的出现，一直到18世纪末的工业革命出现，经历了数千年的时间，其间城市的形态与规模也一直没有出现革命性的变化。然而，工业革命出现以后，城市人口迅速增长，对城市所需要食品的运输、制作、储存和分销等的专业化分工要求进一步提高。在英国作家约翰·里德《城市的故事》一书的描述中，1800年的伦敦人口超过了80万，1850年伦敦的人口数量几近翻番。里德在这本书中幽默地说，如果把伦敦当时每天所需要的食品都换算成面包的话，城市每天需要700万只重达一公斤的面包。这还不包括人们为了身体健康所需要的蔬菜和水果，以及为了娱乐助兴的各类酒品。为了供奉城市和提供再生产的劳力，大批伦敦周边乡村的人口进入城市，其中少部分人成为富人，然而相当多的进城人口沦为赤贫人口。针对城市发展中的上述贫富分化的现象，以狄更斯为代表的作家通过描写当时城市底层人物的生活遭遇揭露了当时城市经济的复杂现实。以马尔萨斯为代表的经济学家则认为，在社会生产力保持不变的情况下，由于人口增长呈几何级数，而粮食供应的增长只是算数级的，因此只有战争、饥荒、疾病等才能控制人口增长及贫困。当然，马尔萨斯的结论是有前提的，也得到了众多有识之士的认同，但由于其结论客观上被用于支持缩减贫困人口数量，因此也招致了社会各界的巨大批评，以撰写《骑马乡行记》而著称的花费十年时间骑马调查英国农场及社会生活的新闻记者科贝特（Cobbett）也对马尔萨斯进行了最猛烈的抨击。作为英国社会经济变迁和城市发展史中的唯一纪实报告，科贝特这部作品中有关城市贫民的一个对话细节描述特别引人注目。那就是，在19世纪20年代的英国，穷困迫使很多年轻人可能仅仅因为偷猎了一只野兔或其他动物就被送到澳大利亚流放7年。之所以提到这个细节，是因为从18世纪末（1788年）开始到随后的80年间，英国总共有15.9万“犯人”被流放到了澳大利亚，这直接促使了悉尼、布里斯班（含黄金海岸）和珀斯等城市的形成和“外来”人口的集聚。无独有偶，澳大利亚格里菲斯大学著名教授艾伦·布莱克曼（Allen Blackman）教授赠送给我的专著《黄金海岸及其经济发展史》中对上述历史事件也作了较为详细的描述。

由于早期欧洲城市历史资料缺乏，有关都市圈形成的规律反而可以从像纽约和芝加哥这样的“新兴”城市的史实（特别是城市规划）中一见端倪。由于纽约的历史过于广为人知，本文不妨以更具代表性的美国大西部的代表性都市——芝加哥为例，说明该城市是如何脱胎于农业经济而快速成为中西部都市圈的中心城市的。

三、都市圈形成的典型案例——芝加哥

在被经济学诺贝尔奖获得者保罗·克鲁格曼教授称为“最棒的经济与商业史作品”《自然的大都市：芝加哥与大西部》一书中，作者威廉·克罗农教授（曾任美国历史学会会长，其父戴夫·克罗农是著名历史学家）抛弃了以往城市历史学家与边疆历史学家互不买账以及把美国城市与乡村发展对立起来的研究方法，而是把芝加哥城市的发展与广袤的大西部有机结合在一起，从而开创了一个全新的研究模式。克罗农教授最为创新的研究范式是，通过对大宗商品（粮食、木材、肉类等）的研究，系统分析了芝加哥成为全国性大都市以及成为美国中西部都市圈中心城市的完整过程。该书中关于1840年代芝加哥肉类生产商发明了冬天采冰储藏后用于夏天的火车冷藏车厢，从而把作为肉类加工中心城市的芝加哥生产的产品送往全国，以及把辛辛那提、密沃尔基等周边城市乃至英国也纳入芝加哥的经济势力范围的故事着实令人震惊。在这个逐渐都市化的过程中，芝加哥也逐渐成为全美和全世界的期货交易中心，成立了芝加哥期货交易所（Chicago Board of Trade）。该所自1848年成立以来，已经从单纯的粮食（玉米、大豆、小

麦等）期货交易市场发展为全方位的包括非农产品（黄金、白银、美国政府债券、股票指数等）在内的期货与期权交易中心。

与此同时，上文所谈及的城市规划在芝加哥成为现代都市圈中心城市的过程中功莫大焉。美国著名建筑师和城市规划师丹尼尔·伯纳姆和爱德华·本内特所著的《芝加哥规划》（*Plan of Chicago*）一书，让我们领略了1893年芝加哥在举办世界博览会前夕所做的系统的城市规划的风采。2012年1月，我在芝加哥参加美国经济学年会时，漫步于密歇根湖畔和这座城市的市中心以及各个角落时，曾惊叹于这座密歇根湖西南侧都市的现代布局与精美延展，现在有幸读到100多年前出版的这套系统的城市规划书，对于芝加哥的工业与交通、居所与公园、物流与道路以及芝加哥如何与郊区和周边城市相连接竟然有了一种"大彻大悟"的感觉。

上述两本不同领域的代表作相互比照地描摹了芝加哥的斯密式增长过程，其中分工和国内（及世界）市场的扩大在早期扮演了重要作用。而促进市场扩大的最重要因素就是交通。作为美国交通最发达的城市之一，芝加哥拥有三个机场（其中奥黑尔国际机场在新冠肺炎疫情前每年吞吐量可达7000万人次）、37条铁路干线、4个货运港口（全世界最大的内陆港口），而且芝加哥港口取道圣劳伦斯河内河航道可以直达大西洋从而通往欧洲。上述优越的地理区位和良好基础设施建设使得芝加哥天生就拥有成为国内和国际大都市的必备条件。

回到本文开头所说的南京都市圈发展高峰论坛以及我所作的主题演讲，我在演讲中也给在场的观众推荐了包括《大自然的都市：芝加哥与大西部》、《伦敦的崛起》等在内的近十本有关都市（圈）发展史的书籍。与政府官员和城市规划专家的演讲相比有不同侧重的是，我对于都市圈高质量发展的思考更多地考虑了经济与历史因素。在目前中国发展较为完善的18个都市圈中，南京都市圈因2021年2月成为中国首个由国家发改委正式批复的（跨省）都市圈规划而备受瞩目。希望此文能够成为一篇基于经济历史思考的有关都市圈形成的研究的抛砖引玉之作。同时，这篇经济学散文也可以与我在《经济学家茶座》（第82辑）发表的《日本关西行与对城市群的再思考》相比照着阅读。至于现代都市圈如何在战胜新冠肺炎疫情后以及不久的将来健康和可持续地发展，希望有机会为《经济学家茶座》另外辟文探讨。

（作者为东南大学特聘教授，经济管理学院博士生导师）

改革是如何一步步解决激励问题的？

赵世勇　宫千贺

人性之趋利，犹水之就下

宫千贺（以下简称“宫”）：我们知道，人类社会面临稀缺，就需要不断进行生产和交换。也就是说，为了降低稀缺程度，满足人们的需求，就必须源源不断地生产人们所要消费的各种商品和服务。这就必须要解决人的积极性问题：我为什么要努力工作？我偷懒会不会更好？

赵世勇（以下简称“赵”）：你说得很有道理。要解决激励问题，就需要考虑人的本性（人性）。人性是什么？用一个字回答，就是“私”。芸芸众生，贪利贪名，怀土怀惠，未得患得，既得患失。用司马迁的话说，就是“天下熙熙，皆为利来；天下攘攘，皆为利往”，“耳目欲极声色之好，口欲穷刍豢之味，身安逸乐而心夸矜势能之荣”（人们的耳朵、眼睛要竭力享受声、色之乐，嘴里要吃尽各种美味，身体安于舒适快乐，而心里又羡慕有权势、有才干的荣耀），这实乃人之常情，无可厚非。“千乘之王，万家之侯，百室之君，尚犹患贫，而况匹夫编户之民乎！”（兵车千辆的国君，食邑万户的诸侯，食禄百户的大夫，尚且还都怕穷，更何况普通的平民百姓呢！）这种本性很难改变，“虽户说以眇论，终不能化”（即使用高妙的理论挨家挨户去劝导，到底也不能使他们改变）。司马迁对人性的观察，入木三分。

此外，大家都知道的孟子的名言：“有恒产者有恒心”，“无恒产者无恒心”。有没有自己的私产对人的预期有直接的影响，进而也就影响到人的行为。晁错说过，“民者，趋利如水走下，四方无择也”（老百姓追逐利益就像水往低处流一样，不管东西南北）。人往高处走，趋利避害，这是人的本性；水往低处流，不辨东西，这是水的本性。大儒董仲舒也说，“皇皇求财利，常恐乏匮者，庶人之意也。”意思是说，急急忙忙地求财求利，常担心贫困匮乏，这是平民百姓的事情。这基本上概括了绝大多数人的行为。所以，要解决积极性的问题，必须尊重人性为私这个事实。

宫：也就是说，要允许人们拥有一定的私产并对人们的合法财产给予保护，这样才能让人们有较为稳定和长远的预期，才能解决激励问题，让人们为了自己的利益而努力生产，否则积极性也就无从谈起。毕竟，绝大多数人没有圣人的修养和境界。“大道之行，天下为公”，这不是对普通人的要求。孔融让梨，季札让国，这不是普通人能做到的事情，非圣贤不能为也。

赵：是的。圣人做事，出于公义；百姓做事，为了私利。圣贤能够做到节制欲望，适可而止；百姓则追求欲望的满足，永无止境。儒家讲究“孔颜乐处”，孔子赞扬颜回的“贤”，主要也是因为颜回能够“安贫乐道”：一箪食、一瓢饮，在陋巷，人不堪其忧，回不改其乐，是以为贤。孔子说起自己，“饭疏食，饮水，曲肱而枕之，乐亦在其中矣”，“发愤忘食，乐以忘忧，而不知老之将至云尔”。显然，普通人是做不到的。道家老子也说，“见素抱朴，少私寡欲”，“知足者富”，这当然是对的，但是你跟大多数普通人讲这样的“大道理”，无异于对牛弹琴。所以，要调动普遍人的积极性，必定要顺应他们对自身利益的追求。要让他们看到，努力可以改变自己的命运。也就是说，不能脱离了人性去谈激励。

1988 年宪法修正案：私营经济是补充

宫：1978 年 12 月，中国共产党召开十一届三中全会，当时的中国还是一个贫穷落后且备受孤立的国家，接近十亿人口的温饱问题尚未解决。邓小平在会上提出改革开放政策。40 余年来，中国已经成为世界第二大经济体，人均 GDP 突破了 1 万美元大关，7 亿人脱贫，整个国家向着中等发达国家水平迈进。中国从改革之初人均收入世界垫底的国家，变成了被美国视为在科技创新和全球影响力方面是竞争对手的国家。如果不是顺应人性用私产解决激励的问题，则这样的成就是不可达到的。

赵：我们的改革是从几乎100%的公有制开始的。改革首先从农业开始，农村公社被取消，转而以家庭承包责任制来鼓励生产。1980年，政府决定成立4个经济特区。作为通过优惠经济政策来吸引外商投资、实现生产出口的实验田，特区经济得到了飞速发展。在改革开放的第一个10年，大多数的国有企业和集体企业都还在盈利，还没有产生产权变革的需求，而且为了满足迅速增长的市场需求，大量的国有企业和乡镇企业还在不断成立。在这段时间，私营部门主要是由个体户构成的，甚至很多是夫妻店。这十年间，民营经济的比重虽然在上升，但速度非常缓慢。在改革开放的第一个10年，意识形态、社会氛围和政府政策对私营经济的态度还经常摇摆，有时候鼓励，有时候打击，这些因素无疑都阻碍了私营经济的发展。改革的第一个10年，农村地区最大的改革举措是实行家庭承包责任制，这是从集体农业到以家庭为生产单位的转变，而家庭是一个私人利益单位。这在很大程度上提升了农业生产的积极性。城镇地区最大的改革是乡镇企业的异军突起，乡镇企业名义上都是乡镇政府所有的（公有制的），但很多是私营企业，这也极大提升了生产积极性。

宫：我听说这段时间一直有关于“姓社姓资”的争论。

赵：是啊，改革不是一帆风顺的，更不是一蹴而就的。20世纪80年代的企业家动不动就处在“风声鹤唳、草木皆兵”的环境中。你想，在这样的氛围之下，私营经济的发展速度怎么可能很快呢？任何一个制度或者政策，如果限制了企业家的创业和创新，就一定不是好制度或好政策，因为经济的增长需要企业家的判断力、冒险精神和创新精神。如果政策抑制了企业家的创业创新精神，那么也就容易扼制经济的活力。

宫：我还听说当时安徽有个“傻子瓜子”年广九，据说他是家喻户晓的人物，就因为炒个瓜子而坐了牢。

赵：是的。年广九是安徽芜湖人，他只是雇工炒瓜子卖，就遭到了追查打击。1989年9月13日，检察院来人宣布对年广九实施逮捕，最初他的罪名是“涉嫌挪用公款罪”和“贪污罪”。年广九说：“公司是我的，何来贪污、挪用之说？”但这样的话在当时并没有用。年广九回过头来对家人说：“不出三年我就会回来。”到了1992年初，邓小平视察南方。他说：“农村改革初期，安徽出了个‘傻子瓜子’问题。当时许多人不舒服，说他赚了一百万，主张‘动’他。我说不能‘动’，一‘动’人们会说政策变了，得不偿失。”邓小平的讲话传达后不久，年广九就被释放了。①

宫：虽然一路走来，充满坎坷和波折，但改革开放第一个 10 年至少有了一个成果，那就是，宪法修正案（1988 年）承认了“私营经济是社会主义公有制经济的补充”，同时“国家允许私营经济在法律规定的范围内存在和发展”。改革开放以来中国第一张个体工商户的营业执照是 1980 年颁发的，到 1988 年宪法修正案之后，私营企业才获得了合法的身份。

赵：是的。这可以看成是改革开放第一个 10 年解决激励问题的成果。

1999 年宪法修正案：个体私营经济是重要组成部分

宫：邓小平 1992 年著名的“南方谈话”为民营企业在中国的发展扫清了意识形态的障碍。同年，中共十四大宣布，中国经济体制改革的目标是建立“社会主义市场经济体制”。越来越多的私营企业成长起来，成为市场活动的主体。于是，中国的产品市场竞争越来越激烈。当时的中国实际上已经变成了一个不同所有制企业竞争的“战场”，包括国有企业、集体企业、乡镇企业、私营企业和外资企业。适者生存，只有那些最有效率、最有竞争力的企业才能生存下来。大批效率低下的国有企业被关闭，数以千万计的工人失去了“铁饭碗”。

赵：是的。进入 20 世纪 90 年代之后，国有企业的改革已经无法回避产权问题。在激烈的市场竞争下，越来越多的国有企业和集体企业在 20 世纪 90 年代中期开始出现大面积亏损，这些公有制企业在竞争中逐渐从地方政府的纳税大户变成了财政负担。因此，地方政府开始有积极性将这些企业民营化。1997 年的中共十五大基本为民营化扫清了意识形态的障碍，十五大的政策方针是“抓大放小”，而不是字面上的“民营化”，当然这也是为了避免意识形态的困扰。在这个方针下，很快，到了世纪之交，大量的经营业绩不好的地方中小型国有企业经过“关、停、并、转”，向民间出售或破产，完成了民营化。这段时期是艰难的（此举在当时的意识形态领域围绕“国有资产流失”问题引起过极大争议），但为中国实行市场经济铺平了道路，成千上万的人开始自己开公司、做生意，推动了经济繁荣发展。1994 年的分税制改革为中国建立了现代化的税制，为中央政

① 资料参见《人民日报》2018 年 11 月 10 日第 1 版。

府提供了新的资金，方便了大型国有企业的转型。政府开始了大型基础设施的建设，这为中国的工业化和出口发展提供了便利。数百万农民离开农村来到城市，从事建设工作或者在东部沿海城市成千上万的工厂里务工。

宫：十四大和十五大都发生在中国改革开放的第二个 10 年，公与私（非公）之间的关系在意识形态层面和现实操作层面都发生了巨变。大规模的国有企业和集体企业民营化在 20 世纪 90 年代中后期基本完成。到了 21 世纪初，国有企业聚集于关系国计民生的关键领域，比如钢铁、通信、电力、电信、石油、金融、民航等。苏、浙、粤等地的中小企业转战国际市场，“Made in China”开始对全球制造业格局产生影响。1999 年的宪法修正案明确指出，“个体经济、私营经济等非公有制经济，是社会主义市场经济的重要组成部分”。非公有制经济的地位获得了进一步的提升。私营企业获得了空前的发展，企业家的创业创新热情也空前高涨。

赵：是的。这可以看成是改革开放第二个 10 年解决激励问题的成果。

2004 年宪法修正案：“私产入宪”

宫：21 世纪以来，中国的改革开放进入了第三个 10 年，要求在法律上保护私人财产的呼声也越来越高。2002 年 11 月，中国十六大明确提出，要完善保护私人财产的法律制度。随着中国的经济体量越来越大，非公有制经济的规模也越来越大，私产的法律地位问题不解决，必将阻碍个体和私营经济的进一步发展，影响人们的长远预期。十六大在这一点上实现了突破，为完善宪法做了准备。

赵：其实早在这之前，社会上早已对公民的合法私有财产不受侵犯展开了讨论。全国工商联从 1998 年的“两会”开始，一共三次提交了团体提案，要求立法保护私产。十六大后的第一年（2003 年），中共中央向全国人大常委会提议修改宪法，将公民的私有财产权写入宪法。2004 年宪法修正案明确指出，“国家依照法律规定保护公民的私有财产权和继承权”。至此，完成“私产入宪”。私产入宪可以防止将大多数人的基本财产强行充公或变相充公，从而有效维护大多数人的基本利益。私产入宪降低了大多数社会成员发展过程中的不确定因素，有助于其财富的可预见积累，有助于增强社会成员发展前景的可预期性。任何国家都有义务对个体的尊严和基本权利进行保护，而保护私人合法所有的财产，便是这种保护的重要方面。私产入宪有助于使每一个社会成员的自主性、独立性、创造性和尊严得到维护和增强，从而构筑了市场经济的坚实基础。可以说，三次宪法修正，三次提升私营经济和私人财产的地位，极大地提升了人们的积极性，基本解决了激励问题。在这个过程中，其他的配套改革顺利开展，1978—2020 年，中国的 GDP 年均增长 9.2%，经济规模每八年就翻一番，创造了人类经济史上的奇迹。

宫：由此可见，改革开放以来，从 1980 年发放第一张个体工商户的营业执照，到 2004 年私产入宪，国家对私产的政策变革是一个渐进的过程，是一个从承认到尊重，再到保护的过程。而且，中国始终坚持国有企业控制国计民生，反对彻底的私有化。

赵：是的。既然“私”是人性，那么解放和发展生产力（解决激励问题）就不能不考虑私产保护问题，但是私产的保护不是绝对的。因为在现实的社会中，个人利益和公共利益冲突的情况比比皆是，如果在绝对意义上保护私产，那么一些对整个社会有利的项目（比如大型基础设施建设）可能就无从谈起，因为这样的项目建设通常会牵涉到私人利益。比如，美国加利福尼亚州旧金山到洛杉矶的高铁兴建，困难重重，很大的原因是高铁沿线的土地被大量的私人所有者控制，州政府拿不到道路权，不得已尽量选择穿越国家公园，这就是被私产“困死”了。我们的文化主张是，“大河有水小河满，大河无水小河干”，公共利益优先于个体利益。所以，宪法对“公产”的说法是：“社会主义的公共财产神圣不可侵犯。”对“私产”的说法是：“公民的合法的私有财产不受侵犯。”“神圣”二字凸显了公产的优先地位。如此一来，国家为了公共利益的需要，可以对公民的私有财产实行征收或者征用并给予补偿。这才是最好的权衡。若把“神圣”二字同时加在私产和公产上，那么逻辑上也就不自洽了。

（作者赵世勇为澳门科技大学商学院副教授、博士生导师，宫千贺为澳门科技大学商学院本科生）

人口政策的女性视角

吴华丽

2021年5月31日，中共中央政治局召开会议，指出进一步优化生育政策，实施一对夫妻可以生育三个子女政策。

在人口老龄化的现实情况面前，放松生育政策以及鼓励生育似乎是一个合理的政策。然而，在不全面考虑作为生育主体的女性群体的成本和收益的情况下，没有同时并存的支持女性独立作出生育决策的辅助政策，三孩政策很可能不能解决人口数量和质量的均衡问题。此外，在社会文化的作用下，一方面，企业和家庭把生育成本推给个体女性；另一方面，家庭里并不承担生育成本的男性作出最终生育决策，加剧已经很严重的性别失衡，在提高人口数量的同时降低人口质量，同时还影响了一半人口的就业和创新，从而阻碍了我国的长期可持续发展。改革开放40余年的经验证明了这一点。

一、在中国市场化改革中，女性就业率和收入水平与男性差距越来越大

自20世纪90年代中期开始市场化改革以来，中国的劳动参与率是略微下降的。与男性相比，女性的劳动参与率下降程度和速度更快。根据国际劳工组织的估算，从2000到2010年，中国女性的劳动参与率从71.13%下降到63.98%，进而下降到2019年的60.57%。相对应，男性的劳动参与率从87.95%下降到83.48%，在2019年为82.76%。

值得注意的是，男女劳动参与率有着不同的下降趋势。男性的劳动参与率是

在1998—2000年“抓大放小”的国企改革期间开始下降的，且在2005年之后保持稳定，而女性的劳动参与率从20世纪90年代初市场经济改革就开始逐渐下降，且在2019年依然保持着下降趋势。在女性的劳动就业率依然处于下降趋势的情况下，三孩政策会加剧这个趋势。

不仅仅是女性劳动参与率情况逐年恶化，而且那些参与劳动就业的女性，她们与男性的收入差距也在逐年扩大。根据妇联和统计局的联合调查，在1990年，城镇和农村的女性年平均收入分别为同地区男性年平均收入的81.68%和79%；在1999年，这个数据分别是70.1%和59.6%；2011年，这个数据分别是67.3%和56%。

不仅男性和女性平均收入差距在拉大，处于相同经济阶层的男女收入差距也在扩大。根据Gustafsson和Wan两位经济学教授2020年发表在*China Economic Reviewd*的论文可知，在1988年，属于最低工资20%的这部分男女工资差异是最高的，男性工资比女性工资多出28%至33%；收入排序分布在20%至80%的这部分男女工资差异稳定在19%左右；工资最高的20%的男女中，工资差异保持在19%至25%。而到了2007年，工资最底层处于20%的这部分男女工资差异增大到32%至42%。工资排序分布在20%至80%的这部分男女工资的差异，以及20%最高收入的男女工资差异，也都上升到同样的区间。也就是说，在市场经济改革早期，男女收入差异主要存在于社会最底层，而到了现在，男女收入差异已经广泛地出现在绝大部分不同的阶层上。到了2013年，随着国家针对贫困问题出台了一系列政策，全社会男女工资差异略微有所缩小，但男女工资差异依然保持在22%至35%。

越是市场化的部门和地区，越是会出现就业性别隔离的现象，即男性和女性会集中在不同的产业。在大量的劳动经济学和性别经济学的文献中，男性和女性在不同产业就业是男女收入差距的重要原因。在中国，相对于政府部门和事业单位，私有经济的性别隔离现象更加严重；与此同时，那些市场化越发达的地区，职业性别隔离现象越严重。单纯发展市场经济，不仅没有解决男女收入差距，还让这个问题变得更加严峻。

除了男性和女性会在不同产业工作，母职惩罚也是男女收入差距扩大的关键机制。陈祎、张红和周黎安三位经济学教授调查了1999年至2012年在同一家中国公司工作的男女收入差距是如何随着女性进入不同人生阶段而变化的。在20岁的时候，男女收入不存在差异；而在20岁到30岁这个阶段，男女收入差距扩大为30%，因为在这10年，这家公司的绝大部分女性进入婚姻，并且生育第一个孩子。具体的收入情况是，婚前，男女工资差维持在一个很低的水平；结婚以后，男女工资开始出现差距，大约是3000元。在女性生育第一个孩子的时候，男女收入差到达顶峰，女性平均工资是2926元，而男性是8946元。不过，男女收入差距会很快回到女性产前的水平。随着时间的推移，男女收入差距又逐渐扩大，在孩子出生后的第8年变成6000元。除了怀孕和母乳期间，女性和男性的工作时长是没有区别的。对此，作者的解释是，女性怀孕和生孩子的时候，她们得到的工作培训明显减少了，而工作培训是直接与晋升挂钩的。在一个类似于锦标赛的过程中，暂时的落后意味着永久的落后。

在生育这件事上，企业管理者对女性员工的预期只会跟随社会文化而调整，市场本身是不会对抗社会文化的。社会文化将生育和抚育孩子的责任归给了女性，因此，企业管理者就默认孩子的出生意味着只有女员工会将相当一部分精力转移到家庭。在这种情况下，女性群体是无法依靠单个企业的善意去对抗社会文化的。如果法律一开始就规定，与女性一样，作为父亲的男性要在其配偶产前和产后休一样的产假，那么对具体公司而言，在承担生育成本上，招聘男性和女性是一样的，那么母职惩罚就会消失。

在当下国家试图通过提高技术水平，通过技术进步来跨越中等收入陷阱的背景下，女性在就业市场处境变得越来越糟的长期负面影响是不能忽视的。哈佛大学经济学教授Chetty和他的合作者发现，影响个人创新最重要的因素不是能力，而是个人所处的环境：个人的创新能力与其所处的环境有没有搞发明创造的人有关，女孩的创新能力与她所处的环境里面有没有女性发明者强烈正相关。女性榜样的存在对女孩的长期影响是非常重要的。作者预估，如果不存在性别和种族的不平等，发明总量会增加4倍。如果政府不系统性地支持生育和养育，而将人口增长的负担大量转移给女性，那么女性离开职场，整个社会将会失去宝贵的创新引擎。

二、缺乏性别视角的经济体制改革，埋下了贫困、经济不平等和社会不稳定的隐患

在中国近40年的发展历史里，最重要的经验之一就是经济体制改革。尽管经济体制改革带来了经济的迅速增长，但是在制定经济改革政策的时候，政策制

定者缺乏性别视角，忽略了人口再生产的底层作用，使得人口数量、质量和性别结构失衡，导致了经济贫困和社会不稳定，限制了经济的可持续增长。

20 世纪 90 年代的中国经济体制改革思路是否定“企业办社会”，将经济效益放在第一位。尤其在“抓大放小”的国企改革浪潮中，首当其冲的是公办和集体办的托儿所、幼儿园等与育儿相关的社会事业，被迅速关闭。根据教育部公布的数据，1997 年全国有 106738 所集体所有幼儿园，2006 年下降为 17542 所。育儿的责任被重新退回到了个体家庭，其实就是母亲和老一辈女性身上。抚育孩子的成本转移到个体的女性身上，那么女性不得不退回到家庭。即使有些女性不退回到家庭，她们为了保证照顾孩子，选择时间弹性更高（意味着收入更低）的工作。由于要同时工作和照料家庭，女性有着更少的休闲时间，陷入时间贫困。

经济改革将生育和养育孩子的成本全部推给女性个体，生育更多的孩子意味着女性会失去继续教育深造和积累工作经验的机会。这种情况下，均衡考虑事业和家庭两方面，理性的个体女性会作出三种选择：不结婚；不退出劳动力市场，推迟结婚且晚生育和少生育；由于既要工作又要照料家务和孩子的时间贫困处境，选择退出劳动力市场。这些选择退出劳动力市场的女性，在个体家庭里的地位进一步下降，“重男轻女”的社会文化及其长期后果被巩固。市场经济改革以来，越来越高比例的女性选择退出劳动力市场，这意味着女性逐步失去在社会和家庭中的话语权，不仅传统的“重男轻女”的风俗被巩固，而且底层或者弱势群体的个体女性在家庭中的处境正在变糟。

中国底层或者弱势群体女性处境有可能正在逐渐变差的一个警示信号是，中国 15 岁至 19 岁女性结婚和生育的趋势，自 2010 年以来开始上升，且这个上升趋势是全国范围的，不是单单在某个具体的省。这个令人震惊的发现，来自 2020 年的《柳叶刀 · 全球健康》。虽然国家规定汉族女性的初婚年龄是 20 岁，少数民族女性的初婚年龄是 18 岁，但是实际上女童结婚现象一直存在。女青少年婚姻意味着这些女性有着更低的教育和收入潜力，更容易遭遇家庭暴力，有着更少和更差的营养，身体和精神健康更弱，也极度容易陷入贫困，她的孩子们也会随之陷入贫困。

不考虑生育和养育孩子成本的经济改革是短视的，因为人口再生产是一个社会能够维持政治、经济和文化活动的基础。女权主义学者的一个共识是，由女性为支撑主体的人口再生产，是资本主义（商业或者市场）能够顺利运行的基础。女性不仅照料孩子的衣食住行，在孩子生病的时候照顾和陪伴孩子，还花大量时间教孩子说话，完善孩子的人格，传递各类社会观念，为孩子的进一步社会化做好准备。女性花费大量时间和精力支撑起人口再生产，对整个社会都是非常有益的，然而在这个过程中，女性自己不仅没有得到好处，她们还在个人发展和抵抗风险上变得特别脆弱。如果一个社会看不见、不在政治上保护和在经济上支持女性在人类社会活动中最底层的付出，不仅全社会一半人口被直接或隐形地剥夺权益，她们的孩子也得不到最优的抚育和保护。在和平年代，社会不确定性小的时候，性别剥夺和随之而来的男孩偏好、男女失衡的社会后果不明显。然而，一旦出现诸如战争瘟疫、自然灾害、经济危机等不确定性大的社会事件时，暴力犯罪、经济贫困和不平等会逐渐或者迅速演变成尖锐的社会冲突和社会不稳定事件。

三、只有确保女性主体性的人口政策，才是最优的人口政策

人口再生产对政治、经济和文化的基础性作用，与生育行为及中国的传统观念和经济发展有着密切的关系，与政府和家庭提供可相互取代的公共品（比如是政府提供托儿所，还是家庭个人照料幼儿）也有关，同时又涉及个人选择，也离不开与人有关的结果正义。因此，在如此多维度的限制下，一个适合的生育政策只能是一个在次优原理下的选择。

次优原理指的是这样的一种思路：在存在多个限制或者扭曲的情况下，放松一个限制并不会提高效率，或者增加一个限制不会降低效率。这是与最优原理相对应的。最优原理指的是，如果只有一个扭曲，那么放松这个扭曲，就一定会提高效率。最优原理比较符合人们的直觉。然而，在思考有多个限制的生育决定时，最优原理的思路是不合适的。

比如说，在考虑生育政策时，有的人着眼于计划生育限制了生育自由，认为对于个体家庭决定生不生以及生几个孩子，任何的政府不应该干涉，因为政府干涉不仅违背了个人的生育自由，同时还违背最优原理而引起了扭曲，导致效率损失。持有这种观念的人认为，只要放松控制，人们自己决定生几个孩子，那么社会最终会得到一个对每个人都最优的人口数量和结构。问题是，在只有女性才能够怀孕和生育，而且女性承担同时也是被社会要求承担起照料孩子的责任的现实

面前，女性个人到底能不能作出生不生、生几个、生男还是生女的决定？国家退出干预生育，承担生育成本的女性个体能在她的家庭里面独立地作出生育决定吗？她的爱人、公婆、父母，甚至左邻右舍，停止干涉她了吗？答案恐怕是，没有了来自政府的正规制度的保护，传统文化里的“重男轻女”的人们开始肆无忌惮地对女性的肚子指指点点了。

拿随母姓作个例子。公安部公布的数据中，在2020年，也只有10%的孩子跟妈妈姓。创造了生命的女性，连自己怀孕十月的孩子都不能作出“跟自己姓”的决定。在这么一个随母姓都没办法得到保障的社会，奢谈生育自由——大部分人谈的生育自由，实际上只是个体家庭中处于更高“权力”地位的男性想要几个孩子就要几个孩子的自由。

在生育这件事上，只有女性付出死亡的代价。WHO（世界卫生组织）预估，1990年中国孕妇死亡率是万分之11。20世纪90年代新生儿数量是每年2000万左右，由于生育而死亡的女性数量大约是每年2万。值得庆幸的是，孕妇死亡率一直在下降。2018年中国孕妇死亡率是万分之1.8，死亡人数是2800左右。但是，无论孕妇死亡率下降到什么程度，只有女性会因为生孩子而死亡。

不用付出代价或者付出很少的代价，就能得到后代，男性和他们的父母当然想催促女性生更多的孩子，而无视女性本人的意愿。这就是为什么当经济发展以后，当女性接受更高的教育，有了独立的经济能力和更多的政治权力以后，生育率会下降的直接逻辑。一个尊重人才、想通过创新得到可持续发展的社会和国家，不能不尊重这条发展规律。在男性于个体家庭中有更高地位的情况下，最优原理思路下的生育自由是不合适的。相反，只有承认和保护女性作为生育主体的政策，才会消除扭曲。

因此，一个合适的人口政策，应该在法律和行政层面承认和保护个体女性的主体性，支持个体女性独立地作出生育决定，同时在财政上支持她作出的具体生育决定，使得女性群体同时免于企业的性别歧视，也免于来自家庭个人的经济胁迫和人身威胁。总而言之，在人口政策上，不管是政治资源，还是经济资源，应该以女性为中心来设计和安排，确认和保护女性的主体性，实现人口数量和人口质量的长期平衡。

（作者为埃塞克高等商学院经济学博士候选人）

人工智能的经济学沉思

——从奇点说开去

皮建才

随着人工智能在现实生活中的应用越来越广泛和深入，人工智能越来越受到大家的关注。在经济学领域，经济学者重点关注的两大层面：一个是人工智能对一些变量产生的影响，比如对失业产生的影响，对不平等产生的影响；另一个是人工智能和经济学分支的交叉，比如人工智能和贸易理论的交叉，人工智能和产业组织理论的交叉。当然，很多时候第二个层面可能包含第一个层面，因为第二个层面谋得更深、更远。在这里，我打算谈一下人工智能技术发展中更深、更远的点，也就是人工智能论著里面所讲的奇点。奇点是美国人工智能学者雷·库兹韦尔提出的一个概念，它是指“人工智能通过自我完善，加速提升理解能力，最后达到人类无法预测其发展的局面”。跨过奇点，人工智能会超越人类智能，产生一种人类完全无法理解的智能形式。奇点看起来像是科幻电影和小说中的，事实却不是。正如美国斯坦福大学顶尖人工智能专家杰瑞·卡普兰在《人工智能时代》一书中所说，“人类的未来，与科幻小说无关。……如果公众对这一重要科技的认识只是由科幻电影和小说所塑造的话，那么我们就无从应对它即将对我们的生活和工作带来的极为真实的影响。植根于事实的认识是通往未来更好的向导，因为我们今天居住的世界将和这样的未来大相径庭”。需要说明的是，本文的题目之所以用“沉思”，而不用“思考”这个词，是因为“沉思”指“在寂静和孤独中对某个中心意念或意象的深沉思索”。

我想先讲两个故事，通过这两个故事谈一谈我对奇点的经济学沉思。第一个故事是《克雷洛夫寓言》里面的，故事的名字叫《羊和狗》。故事的大意是这样的：有一个牧羊人为了防止狼骚扰他的羊群，决定增加狗的数量。牧羊人养了大量的狗来保护他的羊群，结果他的羊在狗的保护下悠闲自得、长势喜人。有一天，牧羊人进城去卖羊毛，这些狗就挑了一些肥美的羊来吃，后面还把剩下的羊也吃光了。第二个故事是《柳宗元集》里面的，故事的名字叫《罴说》。故事的大意是这样的：鹿怕貙，貙怕虎，虎又怕熊。熊头上毛发披散，可以像人一样站立着，力大无比且伤害人。楚国的南部有个猎人，能用竹笛模仿各种野兽的叫声。他拿着弓、箭、装火的瓶子和火种来到山上。他模仿鹿的叫声引来鹿，等到鹿一出来，就用火种射向它。貙听到了鹿的叫声，快速跑了过来，猎人见到貙很害怕，就模仿虎的叫声来吓它。貙被吓跑了，虎又赶了过来，猎人更害怕，就模仿出熊的叫声，虎又被吓跑了。熊听到了声音就出来寻找它的同类，结果找到的是猎人，它就揪住猎人，把猎人撕成碎块吃掉了。打一个不一定特别恰当的比方，第一个故事里的狗相当于人工智能，此时的人工智能虽然已经损害了人类的利益，但还没有到直接危害人类的程度；第二个故事里的鹿、貙、虎、熊都相当于人工智能，此时的人工智能已经到了可以直接危害人类的程度了。

人工智能专家一般从技术进步的角度来预测奇点的到来。比如，著名的“摩尔定律”就表明：（1）集成电路芯片上集成的电路的数目，每隔 18 个月就翻一番；（2）微处理器的性能每隔 18 个月提高一倍，而价格下降一半；（3）用 1 美元能买到的计算机的性能，每隔 18 个月翻两番。人工智能技术进步到一定程度之后，会达到一个临界点，这个临界点就是所谓的奇点。联系上面的两个故事，第一个故事里面的牧羊人为什么可以养大量的狗来保护他的羊群？第二个故事里面的猎人为什么会引来鹿，引来貙，引来虎，引来熊？因为他们已经掌握了相关的技术（比如养狗防狼技术、声音模仿技术）。经济学者分析问题的角度和人工智能专家分析问题的角度并不一样。那么，从经济学的角度来看，人工智能的奇点为什么会来临呢？笔者认为这里面主要有两个方面的原因。

我们首先来看第一个原因，这个原因就是国家之间的竞争，国家之间的竞争是促使人工智能奇点到来的重要力量。国家之间的经济竞赛和军事竞赛类似于博弈论里面的囚徒困境博弈，率先使用更高水平人工智能技术的国家会获得时间长短不一的优势。就第一个故事而言，狼不去骚扰养了狗的牧羊人的羊群，但是会去骚扰其他牧羊人的羊群，假定除了养狗防狼技术之外的其他防狼技术不变，其他牧羊人要么看着自己的羊不断被狼吃，要么自己也要抓紧时间多养狗。就第二个故事而言，如果鹿出现并被射杀后，貙要过比较长的时间才能到来，那么猎人就可以趁着这段时间逃走；假定大家除了声音模仿技术外的其他狩猎技术一样，这个猎人相对其他不懂声音模仿技术的猎人就会在猎取猎物上有很大优势。掌握声音模仿技术的猎人即使因为时间太短来不及逃走，也可以提前准备好防护设备，能防一步是一步，即使防不了最厉害的熊，也很有可能防住貙和虎，这样他就暂时不需要走到引来熊那一步。但是，只要其他暂时没有优势的猎人没有被淘汰，那么在竞争压力下，他在后面还是需要进一步冒风险去赢得相对优势，直到他和其他猎人都控制不了的熊出现并把他和其他猎人全部吃掉。其他猎人也被熊吃掉的原因是，跨过奇点之后，熊已经达到了可以诱杀所有猎人的高度。按照杰瑞·卡普兰在《人工智能时代》一书中的说法，熊作为“未来的机器人可以看见、听见、做计划，还能根据混乱而复杂的真实世界来调整自己”。

我们再来看第二个原因，这个原因就是资本的逐利本性，资本的逐利本性是促使人工智能奇点到来的重要力量。马克思的《资本论》中有一段非常著名的转引语，“一旦有适当的利润，资本就胆大起来。如果有10%的利润，它就保证被到处使用；有20%的利润，它就活跃起来；有50%的利润，它就铤而走险；为了100%的利润，它就敢践踏一切人间法律；有300%的利润，它就敢犯任何罪行，甚至冒绞首的危险”。如果说国家之间的竞争很多时候体现的是政府的力量，那么资本的逐利本性很多时候体现的是市场的力量。虽然这其中的逻辑和上面国家之间竞争的逻辑是类似的，都是囚徒困境博弈，但是发生的层面并不一样。资本逐利层面在很大程度上体现为一个国家内部不同企业和不同产业之间的竞争，率先采用人工智能技术或者更高水平人工智能技术的企业或者产业会在竞争中获得优势，这种优势是作为人工智能技术体现的机器人（也就是资本）比人工更便宜的结果，这会使得资本和工人之间产生不可调和的矛盾。杰瑞·卡普兰在《人工智能时代》一书中说到，“可能只有所谓的1%的人成为今天这种趋势的受益者，但是如果不对这些拥有资产的人或物设置预警的话，很有可能这仅有的1%也会缩水到0，就像古埃及的金字塔一样，抽光整个社会的资源仅仅是为了个人统治者的妄想而服务”。资本的逐利本性一方面会促进奇点来临，另一方面也会导致严重的收入分配问题，这种收入分配问题也是马克思曾经预言过的问题。

奇点的来临可能需要一段比较长的时间，技术派特别乐观，但是经济学派并不是那么乐观，因为经济学总是强调“一方面”和“另一方面”，促进因素和阻碍因素并存。在人工智能时代，我们不仅需要提前防范奇点来临之后可能产生的问题，更需要及时应对通向奇点的过程中产生的问题（比如失业问题和工资差距扩大问题），后者比前者更紧迫。我国有句话说：“不谋万世者，不足谋一时。”识别趋势、判断趋势、理解趋势、认清趋势，才能顺势而为、借势而进、造势而起、乘势而上。对我国来说，这既是机遇，也是挑战，但是机遇大于挑战。

（作者为南京大学经济学院教授）

看不见的手如何治理货币：理论争鸣[①]

刘 愿

一、哈耶克货币非国家化理论

奥地利学派认为，经济危机的根源是政府人为扩张或收缩信贷使货币利率偏离了自然均衡水平，生产结构扩张或收缩，导致经济繁荣或衰退。因此，在奥地利学派看来，如何约束政府货币发行的自由裁量权是“熨平”经济波动的关键。米塞斯在《货币与信用原理》中主张，只有实行金本位制才能有效地约束政府滥发货币，从而结束通货膨胀，避免经济周期性的波动。作为米塞斯的学生，哈耶克在分析货币与危机的关系时，一直坚持奥地利学派的分析框架。1931 年，哈耶克在 *Prices and Production* 这本小册子中，进一步区分了自愿储蓄和强迫储蓄两个重要概念，论证了货币周期性扩张和收缩如何导致生产结构变化，对解决经济危机给出的建议是：政府不做任何的努力，任由经济自行恢复，即所谓的“中性货币”政策。在 1943 年发表的 *A Commodity Reserve Currency* 一文中，哈耶克提出建立商品储备货币的构想，以约束政府滥发货币行为，这个主张与米塞斯恢复金本位制的思想是类似的。布雷顿森林体系瓦解后，资本主义世界出现严重滞胀。1976 年，哈耶克出版了其最后一本经济学著作《货币的非国家化》。在关于经济危机的根源的认知上，哈耶克和米塞斯是一致的；但对于如何根除经济危机的根源，哈耶克摈弃了先前的主张，认为即使是金本位制也无法完全阻止政府滥

① 本文获得国家社会科学基金重大项目(18ZDA089)的资助。

发货币的冲动，只要政府仍然垄断货币的铸造和发行权，那么贵金属的存量也无法构成对政府发行货币的刚性约束。

如果说米塞斯主张恢复金本位制是一项保守的政策建议的话，哈耶克则提出了一项石破天惊的改革主张：取消政府发行货币的垄断权，允许私人银行发行不同的货币，通过市场竞争来约束政府的发钞行为，以保持物价稳定。奥地利学派的经济周期理论蕴含一个基本逻辑：企业家根据各种产品的相对价格做出决策，政府人为的扩张和收缩货币扭曲了产品的相对价格，导致资源错配及经济周期性波动；价值稳定的货币体系能够反映资源相对稀缺程度，指引企业家做出理性的决策，消除经济的周期性波动。因此，哈耶克将货币的非国家化视为解决通货膨胀和消除经济波动的一项终极性制度改革。

哈耶克坚信，信誉机制能够有效地约束私人发钞行行为以确保货币价值稳定。“发钞行如果不能满足人们的预期，就有可能迅速丢失其整个发钞业务，这种恐惧将能提供一种比任何政府垄断所能提供的更强大的保险机制。竞争肯定会被证明是一种更有效的约束，它会迫使发钞机构保持其货币之价值稳定（按一组预先选定的商品来衡量），当然，它也有义务用这些商品（或黄金）赎回这些钞票。私人货币赖以生存的基础是人们对它的信任。发钞行的经理层将逐渐明白，生意得依赖货币持有人稳固的信心，因此，他们会持续不断地调整发行事宜，以使其购买力始终大体保持稳定。”

因此，在哈耶克看来，市场竞争对银行的发钞行为约束力是足够大的。哈耶克假定发钞行的目标是保持价格总水平的稳定，即保持其发行之通货与某种商品之特定组合的恒定比例，则它会通过调整流通中通货的总量来抑制价格总水平上升或下降的趋势。在竞争性货币体系下，发钞行出于对利润的追求而自律约束其发钞行为，以保持货币价值稳定。

二、对哈耶克货币非国家化理论的争论

哈耶克的货币非国家化理论一经面世就备受争议。争议的焦点是，在竞争性货币体系下，私人银行是否有足够的激励维持币值稳定。哈耶克强调，发钞银行在市场上取得成功显然是一桩非常有利可图的事业，成功却依赖于信誉的建立，每家银行都将致力于获得人们的信赖。哈耶克相信，“在这样的竞争格局下，仅

仅是获取利润的动机本身，就能形成一种比政府发行的货币更佳的货币”。

实际上，在哈耶克之前已有论者提出类似货币竞争的主张。Klein 分析了不同情形下企业发行货币的行为。在完全信息下，企业的超发已经被消费者预知，某货币的超发将实时反映在其货币价格上，企业的超发收益将被其货币价格上涨完全抵消；在不完全信息条件下，消费者依靠品牌来识别发行企业的信用，企业则通过建立声誉获取商誉资本收益。企业超发将使其商誉资本下降，其货币价值也随之下降。Klein 认为，在任何情况下，将自己的货币故意贬值至零绝非一个财富最大化的选择。Tullock 则提出，如果消费者拥有货币的选择权，本国货币出现通货膨胀，当预期的货币贬值大于资产转换的交易成本时，消费者将会更多地选择替代资产而减少本国货币购买，这种资产转换的过程是自我强化的，消费者预期通货膨胀的货币逐渐退出流通，退出的速度与替代资产的可获得性、习惯等因素有关。

反对者主要从时间不一致性角度质疑货币竞争的可行性。针对早期的私人发钞的观点，货币主义大师 Friedman 指出，竞争性发行是不可行的，因为私人发行者若发现超发货币是有利可图的，则均衡中货币将分文不值。Bryant 建模证明，除非发行不兑现纸币所附加的成本正好等于其价值，否则不兑现纸币的竞争性供给是无效率或不可行的。Bryant 认为当且仅当发行一单位货币的价值低至其发行成本时，不兑现纸币的竞争性供给才可能出现一个稳态的货币均衡，而这种情况很少出现。Bryant 揭示了与 Friedman 相同的含义：只要单位货币的面值高于其发行成本，私人发行银行将无限供给货币。

Taub 分析了两种机制下企业的发钞行为：在无反馈控制机制（企业在期初即确定随后所有时期的货币增长率）下，企业的发行政策是动态不一致的，企业将在每一期违背其承诺，因此需要外部执行代理人的监督；在反馈控制机制（企业每一期更新其决策）下，企业每期更新其发行决策，竞争无法实现弗里德曼规则（货币的名义利率为零），均衡中货币的价值为零，这部分证明了货币的发行为自然垄断的无名氏定理。Taub 的结论是，在引入更为现实的控制结构时，企业对其发行只能做出暂时的承诺，其结果是货币的真实余额接近于零，竞争无法克服动态一致控制结构的无效率问题，只能由政府垄断供给货币，私人市场难以实现物价稳定。

上述分析存在一个悖论：既然超发货币一文不值，银行超发收益又如何实现呢？Dowd and Greenaway 则认为即使存在货币竞争，货币的替代也是非常有限的，因为货币的替代受货币的网络效应和转换成本两个因素的制约。只有当转换新货币的净效用大于转换成本时，代理人才会替代旧货币。如果快速的通胀只是导致有限的货币替代，那么货币当局会在其市场份额显著下降之前清除这些不良影响。因此，货币竞争对致力于制造适度通胀的中央银行产生很小的约束。

因此，怀特总结说道：哈耶克未能揭示为什么发行人不愿意破坏其关于稳定的购买力的承诺。由于强留在行业中的利润可能还比不上不遵守承诺，“私人发行不兑现货币的可行性值得怀疑”。在不完全预见情况下，发钞行可以利用时间不一致性欺骗公众，以高于公众预期的比率扩张兑换券发行从而获取高额利润，即使引入货币企业“商誉资本”也不能解决欺诈问题，竞争性发钞行追求利润的结果是制造通货膨胀。

此外，支持者通过施加诸如钞票赎回机制、代理人耐心、银行部门交易历史公开、获得兑换券发行权的成本及代理人信念等约束条件，证明货币竞争是可行的。

Cavalcanti 等人分析道，由于储备不足以应付兑现需求，银行将面临清算的威胁。因此，钞票赎回机制能够有效地约束私人银行发行货币的数量。当银行业务有利可图时，私人兑换券发行数量将保持相当的谨慎。不排除个别银行失败的可能，即过度发行导致储备不足以兑现而面临清算，但他们认为，当经济中的贴现率很小（银行足够耐心）时，很少有银行会因过度追求铸币税而身陷囹圄（面临清算），大部分银行会选择足额准备金发行业务。因为，银行清算所损失的收益会大于增发一单位货币的短期收益。

Cavalcanti 和 Wallace 证明，银行部门交易历史公开足以防止其超发货币，因为一旦银行违约，其他人将会采用物物交换施以惩罚，其货币将一文不值，违约银行将会丧失交易带来的好处以致银行收益为零。上述分析逻辑也可扩展至不兑现货币，人们对违约银行施以物物交换的惩罚对两种类型的货币均有效。

Berentsen 在一个可分货币及真实商品的随机配对模型中证明，不兑现货币的私人供给在满足下列两个条件时存在货币均衡：第一，货币发行垄断者的交易历史信息透明公开；第二，如果垄断者偏离其公布的发行政策，存在一种惩罚机制——所有交易者将放弃货币转而物物交换——可置信地完全消除了垄断者任何未来的利润。因此，惩罚策略有效地消除了时间不一致性问题。其模型结论与

Cavalcanti 和 Wallace 的分析类似。

Martin 和 Schreft 引入获得兑换券发行权的成本及代理人信念两个约束条件，证明获得发行权成本越高，发钞行数量越少，作为货币发行者的价值越高。银行的货币发行数量则受代理人信念的约束，当银行的货币发行数量超出代理人预期值 L 时，代理人相信第“L + 1”个单位的货币是毫无价值的，因为没有其他代理人愿意用商品交换这一货币，银行的超发收益为零。但当生产成本很低、货币发行联盟成员内部承诺兑现超发货币时，代理人的 L 型信念对发钞行的约束将会弱化。

三、关于理论争论的评论

综上所述，反对者的分析存在两个问题。第一，反对者假定发钞行的目标函数是其铸币税收益最大化，但仍然是在货币垄断发行的语境下讨论货币竞争问题，而忽视了货币替代对发钞行行为的约束作用。实质上，时间不一致性不适用于货币竞争性发行的情形。因为超发银行要实现其超发收益，必须将其超发货币转换成其他资产或购买消费品，其货币供给随之增加。在其他条件不变的情况下，该货币价值必然下降，这种货币价值的波动将会实时反映在货币汇率上，消费者将根据汇率变动做出货币替代的选择。因此，货币垄断类似于一次性博弈，时间不一致性问题将导致银行违约；货币竞争类似于重复博弈，时间不一致问题至少被大大减少。

普通商品的质量信息是难以鉴别的，或鉴别成本很高，或存在时滞，这使得厂商可以利用时间不一致欺骗消费者而获取收益。然而，货币市场的信息是完全的，消费者可以根据不同货币的汇率涨跌来识别不同货币的质量（价值是否稳定），尤其是在信息技术高度发达的条件下，发钞行的欺骗行为将实时暴露于公众面前，甚至在发钞行尚未真正实施欺骗行为之前，货币汇率已经发生变动，产生不利于潜在欺骗者的结果从而预防了发钞行的欺骗行为。

第二，反对者假定发钞行只关心发行收益，而忽视了由发行领域建立起来的良好声誉给银行商业信贷等业务带来的巨额收益。银行商业信贷规模与其货币的信誉正相关，某货币信誉越好，人们越乐于持有和使用该货币，该货币表示的信贷规模越大，银行商业信贷的收益越高。因此，发行与信贷形成了一个关联博弃，发钞行为了获取持续的信贷收益而不得不在兑换券发行上保持足够的谨慎，以维护其声誉。

支持者试图通过对货币市场施加额外的约束条件来论证货币竞争的可行性，但这些条件并非货币竞争有效的必要条件。例如，Tullock 提出的货币替代主要指的是不同国家货币之间的替代，而不同国家货币之间的替代会受到国际政治、经济、军事等诸多因素的影响，其货币替代进程会比哈耶克所设想的一个国家内部基于纯市场竞争的货币替代要困难得多。Cavalcanti 等人提出，在银行部门交易历史公开的情况下，如果银行超发货币，消费者将会完全放弃使用货币转而以物物交换来惩罚违约银行，这种惩罚机制的成本对消费者而言是很高的，除非货币超发导致了非常严重的通货膨胀，否则消费者不会轻易地回到物物交换的情形。这也是 Dowd and Greenaway 认为货币替代非常有限的原因。Martin 和 Schreft 提出，代理人对银行发钞数量有一个合理的预期额，如果货币发行额超过预期额，代理人将认为银行超发货币，其超发的货币将一文不值。实际上，消费者在判断一家银行是否超发货币时，不是观察银行发行额是否超过预期值，而是比较不同货币的汇率之变动及以该货币表示的商品价格是否稳定。因此，这些机制可能并非货币竞争的必要条件。钞票赎回机制当然能够约束发钞行不超过其准备金数量来发行货币，但如果银行竞争发行的是不兑现的纸币，那么市场竞争能否依然能够约束发钞行呢？

总之，钞票赎回、物物交换惩罚、代理人信念为货币替代提供了一种特殊的而非一般性的启动机制，即上述机制只是货币替代的充分条件，而非必要条件。实际上，在更为宽松的条件下，货币替代即可发挥功效。例如，即使在不兑现货币体系下，一旦货币汇率波动，人们即可能抛售贬值货币而购入升值通货，这种初始的货币替代会拉大两种货币价值的差距，货币替代进程会自我强化。现实情况是，消费者并非以成本高昂的物物交换来惩罚违约银行，也不是观察银行发钞数是否超过其预期的 L 值，而是直接根据不同货币的汇率变动以及根据某种货币表示的商品价格涨跌来做选择。

如果说货币竞争在理论上是可行的，那么在人类历史上是否存在可靠的经验证据？

（作者为华南师范大学经济与管理学院教授）

聊聊香水

王　军*

最早的香水出现在古埃及的记录中，迄今已有几千年历史，而与香水有关的逸闻轶事就更多了。在全球贸易史中，我们可以读到有关香料的大量记载。不仅如此，对香料的追求，还加快了“地理大发现”时代的来临。香料在历史上扮演的角色，可能远超我们的想象。

实际上，我们熟悉的胡椒、生姜、桂皮以及肉豆蔻等香料，并不仅仅是餐桌上的调味品，它们还有挑战当代人想象力的神奇历史：从郑和、哥伦布和麦哲伦的远洋航行到近现代的国际贸易，从古代君王的贡品清单到今天畅销饮料的秘密配方，再从庄严肃穆的庙宇教堂到私密温馨的卧室，都能找到香料的影子。

随着现代社会的到来，以香料为原料制成的香水，不仅形成了巨大的产业链，拥有庞大的市场，而且也是时尚界的宠儿，更与奢侈品相关。本文拟从经济学角度，谈谈香水，话题包括香水属性和定价特点，以及气味与神经元经济学的互动等。

一、气味、香料与香水

几年前，笔者申请美国签证。为省事，找了中介递交材料。但面试一环，仍需本人亲自到场。出发前，中介给了一份“须知”，特别叮嘱切勿使用劣质香水或雪花膏。如今，很多细节我都忘记了，唯独始终记得这条告诫。气味真的这么

---

* 本文的写作灵感为作者与黄绮凡女士的几次交流。当然，文责自负。

重要吗？

还有一次，笔者在江西旅行，行至泸溪河附近，遇见一座名曰“无蚊村”的古老村落。向当地人打听，才知这个村子周边布满了香樟树。细想也对，由樟树制成的樟脑丸，不就是无数中国家庭驱除昆虫的日常用品吗？

上述经历表明，气味的确重要，值得探究。对于气味和嗅觉的探究，不仅是学术研究的前沿课题，也是人类了解自身的重要途径。

在英文中，“香水”（perfume）源于拉丁语，意思是“穿透烟雾”，这准确定义了香水的本质特征。香水研究者奥斯特罗姆在其著作开篇就提道：“气味是穿越人类历史沉默和无形的伴侣。”也许，正是因为看不见、摸不着，香水常常让人欲罢不能，刚被遗忘，又入嗅觉，却上心头。

只要读过任何一部关于世界贸易史的书，尤其对中世纪东西方贸易往来有所了解，便会对其中关于香料（spice）的叙述印象深刻，而香料与香气、香水密不可分。例如，在一部有影响力的全球贸易史图书中，有多达200处提到“香料”，大约每4页就出现一次“香料”，足见香料在全球贸易史中的分量。

从历史地理的名称上，也可看出一些端倪。自15世纪起，“香料群岛”在西方世界声名鹊起，它是欧洲人对东南亚盛产香料岛屿的统称。这是一片沿赤道绵延六千多公里的宽阔地带，包括今天的东印度群岛、马来群岛、婆罗洲、爪哇、新几内亚及苏门答腊等。依史学家的著述，这一名称的出现，不仅表明欧洲人对东方香料的渴求和迷恋，也是推动“地理大发现”时代到来的催化剂。

中世纪的欧洲航海家麦哲伦，原本出海去寻找黄金和胡椒，结果却发现了新大陆。今天的读者会觉得将黄金与胡椒并列，有些不可思议，但历史的确如此。

一部关于胡椒的学术著作，妙趣横生，其中不乏对中国的描绘：中国人对黑胡椒的使用由来已久。早在公元2世纪，这种香料就由印度首次传入中国，主要为药用。宋朝期间，胡椒贸易扩大，很多香料都是东南亚国家献给中国的贡品。此外，至少从10世纪起，中国人就与爪哇和苏门答腊有了民间的商贸往来，涉及各类香料。

到了元朝，也就是1271年，马可·波罗来到中国时，也带来了大量胡椒，加快了胡椒由宫廷向民间流通。马可·波罗在《游记》中提到，当时的泉州拥有全球最大的两个港口之一，是所有来自印度商船的停靠港。这里有无数满载胡椒的香料船，整装待发，驶向欧洲。

进入明朝，尤以郑和下西洋为标志，中国的胡椒消费进一步扩大。一种说法是，胡椒其实是郑和船队航行的原因之一。一位名叫马欢的人跟随舰队进行了七次远征中的三次，担任阿拉伯语或波斯语的官方翻译。他写下了在马六甲和苏门答腊等地的见闻，提到大量外国船只前来购买黑胡椒的场景。

胡椒的重要性，在其他著述中也可以找到："中世纪欧洲人吃的东西极为粗劣，需要大量的胡椒、生姜和桂皮以遮盖咸盐和质地粗糙又不新鲜的肉的味道。"

上述文字不禁让人联想到人们使用香水的原因，难道也是为了遮盖什么味道？果不其然，确有记载。在一部香水工具书中，笔者找到一些有趣文字，此处以事件发生的时间为序，撷取几段：

> 1551年，法国亨利二世国王的御医认为公共浴室不卫生，是瘟疫和流行病传播的媒介，应立即关闭。国王接纳了建议，整个法国的洗浴场所消失了。当时人们的认识是，洗澡对身体有害，因为当毛孔在热的作用下打开时，周边的瘴气极易渗透进去。这开启了法国的肮脏的时代，而香水正是抑制瘴气的法宝。气味（如麝香）越浓，越有辟邪的感觉。直到18世纪，洗澡的卫生习惯才逐渐回到法国人的日常生活中。
>
> 在整个16世纪，法国人相信芬芳的香水和熏蒸有助于对抗疾病，香气通过皮肤毛孔进入体内，从而起到治愈疾病的作用。个人不讲卫生造成的身体异味，这时被人们抵御瘟疫和流行病而随身携带的令人陶醉的气味掩盖。
>
> 随后，法国进入路易十四时代，这一时期的香水，无论是生产，还是消费，都达到了登峰造极的地步。路易十四是一位精致的国王，穿着红色高跟鞋、丝袜、蕾丝和锦缎，调香师伴随左右。宫廷始终弥漫着橙花、玫瑰、肉豆蔻、茉莉以及晚香玉的气味。朝臣们就像他们的君主一样，用博洛尼亚香皂、柠檬香皂或橙香皂擦拭身体，用香醋洗手和脸，然后在手上涂上鸢尾膏、安息香和甜杏仁。宫中园丁每天都可以根据国王意愿，轻松改变花朵的配色方案和气味，就像更换舞台布景一样。

透过上述记载，我们不难想象香水在法国日常生活中所扮演的角色。可以说，正是几代法国君王的支持，奠定了法国香水在全球难以撼动的行业地位，这一优势已保持了数个世纪。

2019年，受国际香水协会的委托，普华永道完成了一份研究报告，这份《香水的价值》估计全球香水销售额在3570亿欧元以上，其中特别提到中国在香水全球产业链，也就是制造环节中的作用，其部分指标已接近半壁江山，但在终端，也就是香水的消费方面，中国仍然是一个有待开发的市场。

香料在国际贸易史的地位与作用，无疑是不可忽略的学术问题。在法国，出于对中世纪鼠疫等瘟疫的恐惧和无知，不洗澡竟成为一种社会风尚沿袭上百年。这让人想到制度经济学关于习俗等非正式制度安排的看法，这里的“非正式”，意为不是法律所规定的，因为法律无法对人们在自己家里是否洗澡做出规定。无论习俗怎样，一旦形成，便具有了稳定性。即使是愚昧无知的陈规陋习，也会被附上某种魔力，代代相传，直至下一次制度变革为止。

二、香水经济学探微

从经济学角度谈论香水，离不开以下几个基本问题：

一是，香水的经济学属性。这包括两个方面：香水属于凡勃伦商品（Veblen Good）；香水具有强烈的外部性效应。

简单说来，凡勃伦商品就是那种价格越高，需求量越大的商品，它能满足人们的虚荣心，也是个人财富与社会地位（包括教养和品位等）的象征，有炫耀性消费之意。此术语源于凡勃伦的《有闲阶级论》。

如果将物品分为生活必需品和非必需品的话，会发现前者的需求状况与价格波动关系不大，而后者敏感许多。对于多数人而言，香水并非生活必需品，无法与柴米油盐酱醋等量齐观。为嗅觉服务的香水，是无法与能够果腹的食物相提并论的。依马斯洛的逻辑，二者的需求层次不一样。

加里·贝克尔与合作者曾对包括香水在内的时尚物品的定价机制进行过探讨，尤其对一款法国香水进行过鞭挞，因为“它们的材料甚至工艺并不比廉价的仿制品好多少，但它们的售价却远高于其他同类商品”。此外，这家法国香水还拒绝折扣店销售自己的产品，因为这会“损害自己的精英形象，降低其排他性的外观”。有趣的是，作者最后引用凡勃伦的研究，对现实矛盾做出了合理解释：“随着社会变得更加富裕，消费者可以奢侈地将他们的关注点从身体舒适和基本必需品转变为‘同胞的尊重和嫉妒’。”此时，消费者更愿意为形象、声望和独特性付费，而这些属于产品的社会特征而非物质特征。

虽然香水属于非生活必需品，但现实世界总有例外。譬如，一些人收入水平并不高，甚至生活拮据，但在购买香水方面却出手阔绰，可以一掷千金为自己买下心仪的香水。这恰恰说明世界的丰富多彩性，只是他们并不构成多数而已。那些将香水重要性置于生活必需品之上的人，要么属于炫耀性消费，受虚荣心所驱使；要么陷入上瘾的泥沼。要知道，某些香水，具有类似罂粟的魔力，会让人产生依赖感。人们一旦对任何物品具有成瘾性，那么对其他方面的消费，包括维持生命的开支都可大幅压缩，这类例子不胜枚举，如吸烟、吸毒以及玩网络游戏等。

正如普华永道报告中指出的，香水“满足重要的情感需求并解决重要的功能问题，如掩盖难闻的气味”。即便如此，当事人是否愿意让香水承担这种“功能”，仍是不确定的。比如，一位自我感觉良好的人，恐怕不太愿意面对个人的异味问题，即使勉强承认，是否依靠香水解决又是问题。

香水的外部性特征也容易理解。香水具有的挥发性，令周边人士极易嗅到，这便是外部性效应。这有两类情形：与散发气味的人不期而遇，要么神清气爽，要么赶紧逃离。无论是前者的积极影响，还是后者的负面作用，受影响的人都无法向气味携带者主张权利。这便是经济学的一个经典问题，有趣又难解。

二是，香水的偏好问题。如果当事人可以获取香水，那么，使用哪一款香水，仍需解释。尽管这一问题就如同“萝卜白菜，各有所爱”一样，但在经济学家眼里，这是一个大问题。

1977 年，加里·贝克尔和乔治·斯蒂格勒在《美国经济评论》发表的一篇关于品味的论文，引发轰动。文章分析了影响人们品味或者偏好的几种情况，有力地诠释了文章的拉丁文标题：*De Gustibus Non Est Disputandum*。这也是一句古老告诫：不要为品味而争吵。

在结论部分，作者谦逊地提到文章的局限，预言未来的研究突破可能来自行为科学的助力。考虑到这是 40 多年前的预言，我们不禁钦佩两位大师深邃的洞察力，因为当时的行为经济学研究才刚刚起步。

三是，香水或者嗅觉研究的新动向。近年来，神经元经济学和行为经济学大行其道，尤其在偏好形成和决策方面不断推陈出新。这其中的逻辑是，行为基于决策，而决策又受到偏好的影响。那么，究竟是什么力量决定偏好的形成呢？神经系统和大脑活动的规律摆在学者的面前。

既然经济学是一门研究人类行为的科学，那么，所有刺激大脑的元素，影响人类行为的因素，都在研究的视野中。成语“望梅止渴”，表明第二信号系统对人体唾液分泌产生的瞬间冲击不容小觑。类似地，嗅觉、听觉以及味觉等，都是人体接受外部信息素的渠道，也是刺激神经的途径，这些外部信息会进入大脑，对人的情感和行为施加影响。这也是近年偏好、理性认知以及决策理论研究的核心问题。

作为一种感官功能，嗅觉具有刺激神经的作用。通过接受外部的信息素，如气味等，人脑得以进行加工，进而在行为、情绪、心理或生理方面有所反应。用一句话总结，香水运用得当，可以获得意想不到的结果。

信息素影响人类行为的主张，已被科学实验证实。例如，在一项实验中，一组合成的女性信息素被添加到女性香水中，在接下来的 3 个月里，这些女性的性活动都有明显增加。研究人员得出结论，信息素增加了女性对男性的吸引力，这足以可见香水的作用。

三、结束语

古老又年轻的香水，是人类利用大自然馈赠，运用技术手段，满足人类嗅觉感官，实现美好生活向往的成功实践之一。

对嗅觉在内人体各感官的探索和研究，一直是医学和生理学的重要课题。科学家在刺激、大脑神经、激素水平以及大脑活动规律等问题上取得的研究突破，都会给神经元经济学和行为经济学的研究者提供灵感与启示。借此，经济学家可以从最基本的角度，重新解释人类行为。

近年来，现代经济学与心理学和医学等学科的交叉融合越来越快，催生出许多新的经济学分枝和领域，我们期待着令人鼓舞的新发现，这将有助于我们更好了解人类自身。

（作者为南京审计大学经济学教授）

钞票图像的启示

游修龄

钞票作为流通货币，人们按面额使用，借以换取所需的商品。很少有人注意钞票纸面上的图像设计，它代表一个国家的立国标志，寓意十分深刻而庄重。在东亚，日本、韩国和中国的钞票图像设计，各有特色，本文将其试加比较，以期发人深省。

日元的面额分为10000元、5000元和1000元3种。10000元钞的正面人是福泽谕吉。福泽谕吉幼年受的是典型的中国儒家教育；青年时期逢明治维新，有机会留学欧洲，先后3次出洋考察西方的法学、医学、工商管理学，深受震动，回国后鼓吹资本主义的自由、平等、民主，批判封建道德制度，极力主张西化。他不接受天皇任命的首相职位，在日本被视为明治维新的启蒙思想家和功臣。

日本5000元钞的正面人像是新渡户稻造，他是明治至昭和初的教育家，曾留学美国、德国，担任过大学校长，著有英文《武士道》，是日本早期著名的推行西化教育的教育家。

日本1000元钞的正面人像是夏目漱石，他是日本著名小说家，曾留学英国，回国后担任大学教授和《朝日新闻》的特约记者等。其代表作有《我是猫》，描述了一群对社会不满而又自命清高的知识分子。夏目的作品多揭露日本社会的黑暗面，富有讽刺和批判精神。

日本还有现已绝版的500元钞和100元钞，前者的人像是原仓，后者为板垣，二人都是明治维新的元勋。原仓、板垣和福泽谕吉是明治维新政治改革的代表，他们领导日本从学习中国转向学习西方，这是日本历史的一次大转折。新渡户稻造代表教育，日本认为教育是兴国强国之本；夏目漱石代表文化，日本认为文化是民族精神的支柱和民族自立的基础。日本把立国兴国的成就归功于政治、教育、文化三大基础，并以三位人物为代表，永志不忘。这样的设计，寓意深刻，为亚洲其他国家货币所罕见。

韩国的钞票面额分10000元、5000元和1000元3种。10000元钞的人像是朝鲜历史上发展最兴旺的李朝的世忠大王，李朝犹如中国的汉唐盛世。世忠大王组织了一批学者创造了朝鲜文字，此前朝鲜一直使用汉字。5000元钞的人像是李律古，他是朝鲜历史上著名的儒家代表人物。1000元钞的正面背景为孔庙，人像也是朝鲜历史上著名的儒家代表人物李退溪，“二李”都崇拜中国的朱熹理学。

最近一则报道说，在韩国召开的一次国际儒学讨论会上，一位韩国学者和杜维明教授（美国著名华裔新儒学家）就儒学问题进行辩论。这位韩国学者说儒家的正统在韩国，不在中国，并拿出一张韩国1000元面额的钞票给杜看，意思是，如果儒学的正统在中国，为什么中国的钞票上没有孔庙和孔子像？这个论证虽然片面，却有令人深思之处。《汉书·地理志》记载：“殷道衰，箕子去之朝鲜。教其民以礼义，田蚕织作。……是以其民终不相盗，无门户之闭，……东夷天性柔顺，异于三方（师古曰：三方，谓南、北、西也）之外。故孔子悼道不行，设浮于海，欲居九夷，有以也夫。”

我国第一套人民币于1948年12月1日发行，分1元、2元、5元、10元、20元、50元、100元、200元、500元、1000元、5000元、10000元、50000元，共13种面额（元以下的角和分币也都是纸币，后来改用硬币）。这样高的面额是受国民党政府崩溃前严重的通货膨胀影响。

1955年，第二套人民币发行，新币面额分1元、2元、3元、5元、10元5种。1元币正面图像为天安门；2元币为延安宝塔山；3元币为井冈山；5元币为民族大团结；10元币为工农联盟。新币发行后，以1∶10000的兑换率收回旧币，消除了第一套人民币的痕迹。1962年，第三套人民币发行，1元币图像为女拖拉机手；2元币为车床工人；5元币为炼钢工人；10元币为人民代表走出大会堂的场景。币面没有知识分子形象。

第三套币对第二套币的兑换率按1∶1实行，并逐步收回第二套币。

第四套人民币于1987年（改革开放后）发行，面额分1元、2元、5元、10元、50元和100元6种。100元币正面为毛泽东、周恩来、刘少奇、朱德4位领袖侧面浮雕像；50元为工人、农民、知识分子人像；10元为汉族、蒙古族人

像；5 元为藏族、回族人像；2 元为维吾尔族、彝族人像；1 元为侗族、瑶族人像。(其余少数民族人像见于元以下辅币)

从以上三国的纸币图像设计中，可以窥见一些令人深思之处。

日本钞票的上述几个人物距今都已百年，日本提倡学习西方，终于取得经济大国的地位。在军事方面，若非因第二次世界大战失败投降，国防建设受到联合国制约，日本也许早已恢复为军事大国。事实上，日本一直在暗中发展军力，企图东山再起，军事预算和实力已超过亚洲各国，日益成为潜在威胁。在文化教育方面，日本的成绩更是可观，坂田获得诺贝尔物理学奖，川端康成、大江健三郎获得诺贝尔文学奖，是能够打破欧美垄断诺贝尔奖局面的国家。可是日本并没有用这些后来居上的政治家、教育家和文学家的人像来取代福泽谕吉、新渡户稻造和夏目漱石，这反映出日本肯定明治维新、不忘本的思想，同时也表明其摆脱了中国传统文化影响的自豪感。

值得注意的是，日本新近发行一种 2000 元面额的钞票，正面为琉球王国皇宫的牌门，没有人物图像。琉球（大小共 50 余岛）是明洪武五年（1372）被称为琉球国的，从此琉球年年向中国纳贡。历史上去琉球从事贸易的福建人甚多，这促进了琉球经贸的发展及其与明朝和东南亚的经济文化交流。日本明治维新，政府要求琉球停止接受清朝册封，这遭到琉球拒绝，琉球遣使向清廷告急，腐朽的清廷未能及时做出反应。1879 年，日本遂发兵进占琉球，俘国王去日本，不久即宣布废除国王，改琉球为冲绳县，称首邑为那霸，从而中断了中国和琉球五百年的外交历史，清朝虽然事后抗议，却已无济于事了。日本历史上一直想向外扩张，入侵朝鲜始终未能得逞，只有占领琉球是日本历史上第一次南侵的成功。日本通过甲午战争又从清朝获得台湾，终因战败把台湾交还给中国，其实于心未甘。这次发行 2000 元钞票，表面上是纪念 2000 年 11 月 27—12 月 2 日联合国教科文组织批准琉球五处遗址为世界历史文化遗产，其弦外之音是把琉球的版图永久化，兼有念念不忘南下，希望有朝一日恢复台湾殖民统治之意。2000 元钞的背面是成书于 11 世纪的《源氏物语》，代表日本文化源远流长，以此书作为琉球的背面图案，其寓意是把琉球的历史与日本本土的历史联系在一起，值得世人警惕。

韩币的设计思想与日本完全不同，韩国也在努力走现代化之路，并成为亚洲“四小龙”之一。韩国认为儒家道德伦理观是立国之本，故在钞票上突出孔子和儒家代表人物。韩国并不认为儒家思想是现代化的绊脚石。

中国在20世纪50年代初大力推行拼音文字，同时推行简化汉字，原先的用意是以简化字作为过渡，最终实现拼音文字。朝鲜受此影响，故于1954年清除谚文中的汉字，彻底拼音化。新中国因为是在推翻“三座大山”伟大胜利的基础上建立的，所以一开始就有一种与过去一切封建历史传统决裂的气概。反映在钞票图像上，一开始就是天安门、延安和井冈山。当时强调集体领导，故还没有领袖个人图像。第二套、第三套人民币都强调工农联盟和民族大团结。第四套人民币，在工农旁边加上知识分子头像，同时也出现伟人头像。第五套人民币100元和20元面额都是毛泽东个人头像。总的来看，50年来纸币面额图像的变化，反映了短期国内政治风云的变幻。如果按政治、教育、科技、文学的立国思路，那么除了领袖像之外，教育家如孔子，史学家如司马迁，科学家如张衡、祖冲之、李时珍，民族英雄如岳飞、文天祥，诗人如屈原、李白、杜甫，文学家如曹雪芹等的头像，都在考虑之列。当然，这里只是举例而言，中国历史上值得纪念的伟大人物太多了。将这些历史人物的图像印上钞票，也是爱国主义教育的方式之一，比空喊口号要好得多。钞票图像设计缺乏长远眼光，也是僵化、狭隘思维的反映。

本文写于2000年1月7日，而2006年09月23日，新华网转载中国社会科学院民族所副研究员的撰文，文章指出人民币图案的选择思路应有所更张，与本文所述不谋而合。其主要观点是：中国是文化礼仪之邦，几千年来文明璀璨，名家辈出，古籍山积。然而，人民币图案竟无一位古代文化巨匠，也无一部经籍现身，这与一个承载着无比厚重的文化遗产的泱泱大国颇不相称。随着我国政府和国民对文化遗产重视程度的提高，对优秀传统文化的认同和复归，在人民币图案的选择思路上似乎也应有所更张。比如儒家鼻祖孔子、亚圣孟子、道家创始人老子、科学家张衡、数学家祖冲之，历代明君如汉武帝、唐太宗，名臣如诸葛亮、魏征，文学家如李白、杜甫、女词人李清照等皆在候选之列。这样既可彰显我中华五千年文明的深厚积淀，也可教育后人，对祖国的和平统一、繁荣富强，也可起到重要的促进作用。我们不仅应推崇政治领袖，也应尊敬思想家、教育家、文学家、科学家……

（作者为浙江大学教授）

表现要多糟，老板才会解雇你？

董志强

有一次课后，一个学生问我：日常生活中就可以观察到，新员工一次考核不及格就可能被解雇，而老员工一次考核不及格往往并不会被解雇。为什么企业对考核不及格的新员工更不能容忍，不能像对老员工那样多给新人一次机会？

我想了一段时间才得到答案。其实答案也简单，下面就是它的道理。

假设从市场上雇佣一名员工，其能力是高和低两种之一，概率各占50%。能力是员工的私有信息，企业并不清楚。若没有任何信息，企业对员工是高能力的先验判断就是50%。不过，高能力员工并不必定获得好业绩，低能力员工也并不注定得到糟糕业绩；高能力员工只是更有可能得到好业绩。比如，高能力员工有60%的概率得到好业绩（从而有40%的概率得到糟糕业绩），低能力员工有20%的概率得到好业绩（从而有80%的概率得到糟糕业绩）。

那么，一名新员工首次考核便业绩很糟糕，意味着什么？此时，企业将根据员工的业绩来更新对员工有高能力的信念。给定员工第一次考核业绩很糟糕，该员工有高能力的概率就是：Prob［能力 = 高 | 糟糕业绩］ = 0.5（0.4）/［0.5（0.4）+0.5（0.8）］≈33.3%。也就是说，在刚雇佣这名员工时，企业认为这名员工有50%的可能性为高能力，但第一次考核观察到员工糟糕的业绩后，企业就修正了看法，认为这名员工为高能力的概率只有33.3%了。由于从市场上另招一位新人而新人为高能力的概率是50%，故理性的做法就是，辞退这名只有33.3%可能为高能力的员工，重新雇佣一名新人。

但是，如果一名员工在第一次考核中取得了好业绩，因而被继续雇佣而成为老员工，不幸的是他在第二次考核中得到了糟糕业绩，企业要立即解雇他吗？我们不妨看看企业将如何修正信念。假设，员工在各期的业绩彼此独立不相关。此时，员工在两次考核中的业绩组合刚好是（好业绩，糟糕业绩），故企业认为员工为高能力的概率就是：Prob［能力＝高｜（好业绩，糟糕业绩）］＝0.5（0.6＊0.4）／［0.5（0.6＊0.4）＋0.5（0.2＊0.8）］＝60%。请注意，此时企业认为员工为高能力的概率为60%，高于市场上招聘一名新人且新人碰巧为高能力的概率（50%），因而企业并不急于解雇这名员工。企业对曾经表现优秀的员工，不会因为一次糟糕的表现就解雇他，因为这次糟糕的表现很可能只是由于员工运气不好；不过，企业确实也会因糟糕业绩而下调对员工为高能力的信念判断，只是还没有严重到要解雇该员工的地步。

什么时候企业会解雇这名老员工呢？假如这名老员工在第三次考核中又得到了糟糕的业绩，他就会被解雇了。因为在这样的情形中，企业会再次修订员工为高能力的概率：Prob［能力＝高｜（好业绩，糟糕业绩，糟糕业绩）］＝0.5（0.6＊0.4＊0.4）／［0.5（0.6＊0.4＊0.4）＋0.5（0.2＊0.8＊0.8）］≈42.9%；企业会发现，重新在市场上雇佣一个新人，新人碰巧为高能力的概率是50%。显然，解雇这名连续两次糟糕业绩的老员工而雇佣一名新人，是值得的。故企业对老员工表现糟糕的容忍，并不是无限的。一个曾经表现优秀的老员工若长期表现得不如人意，很可能说明他曾经的优秀只是运气好而已，他实际上更有可能为低能力，企业自然也就要解雇他了。

上述分析中，所用数值都是特定具体的，但要扩展到使用更一般的参数来分析也并不难。不过主要的思想在上述简单分析中已经有了。由于信息不对称，企业无法准确掌握员工的能力信息，只能通过员工的业绩去推断员工能力。员工获得好业绩次数越多，企业对员工为高能力的信念就越强，即使员工偶尔出现糟糕业绩，也并不会危及企业对员工为高能力的判断；反过来，员工一开始就出现糟糕业绩，或者虽然取得过好业绩，但随后多次出现糟糕业绩，企业对员工为高能力的信念还会变弱，弱到一定程度，企业便雇佣新人取而代之。

这给予人们的职场启示是，加入一个组织后，不要一开始就懈怠，一开始就懈怠多半会被赶走；而成为“资深”员工之后，偶尔偷一下懒倒也并无大碍，但要记住不可时时偷懒。

（作者为华南师范大学经济与管理学院教授、经济行为科学重点实验室主任）

2016河西走廊行：国有农场调研札记

朱　玲

几年前看过的一部多集电视纪录片《河西走廊》，勾起我对这片土地浓烈的好奇心。2016年6月，经农业部农垦局协调，我们课题组一行三人走访了3家分布在河西走廊的国有农场。此间的见闻不但使我的好奇心得以满足，而且还把当地的气候和地理环境绘入我脑海。

一、壮观的现代交通电力网

2016年6月18日正午，我们在兰州中川机场与甘肃农垦集团企业管理处Z处长、组织部Y部长和司机师傅接头，就近吃过拉面就直奔位于金昌市辖区的八一农场。金昌距离兰州370多公里，行车4个多小时。一路风光与10年前（2006年）我去甘南途中所见明显不同：

其一，高速公路四通八达，设施看起来质量上乘。Y部长介绍，这些年西部大开发，钱差不多都用到修路上了。

其二，土地大多贫瘠。兰州附近一派干涸，进入天祝县之前，路边的黄土坡上几乎寸草不生。

其三，乌鞘岭隧道之长实为罕见，一连4个隧道穿山而过，与宝成铁路沿线隧道有得一比。据说隧道未修通前，冬日但凡落雪，车就过不去了，平日里火车需要两个车头推拉前进。

其四，车过武威之后，连绵不绝的戈壁滩依然荒凉，但有大片太阳能光伏板排列其间，好似古代将士的盔甲覆盖在荒滩，灰压压地与高速公路平行延伸，景色异常壮观。

落日时分，我们抵达金昌城边的一家宾馆。附近道路宽阔树木成行，绿植皆由祁连山引来的雪水浇灌。金昌矿产丰富，以产镍闻名，还出产锂。前些年镍价每吨30—40万元，近两年降到4万元一吨，价格剧烈波动对当地矿业的冲击之大可想而知。

二、八一农场：管理的难处

2016年6月19日一早，八一农场W副书记引领我们去场部，那里距离我们入住的宾馆20多公里。从交谈中了解到，八一农场于1958年创建，首批垦荒者是原兰州军区800多名现役官兵。农场组织规模最大时，有6个分场，共17000多人。经过两次拆分，现余2个分场，共5000多人。

场部座谈会上信息交流顺畅，从中获知农场遭遇的困难主要如下：

第一，“五险一金”的缴纳带给企业沉重负担。土地租赁费多年未变（平均每亩260元），社保费用年增10%—13%。农场承担的企业缴费责任，已经到了难以为继的地步。

第二，包括人员工资在内的管理运行费用，靠不多的非农资产经营维持和专项拨款。

第三，社区管理和卫生院及卫生所的运行经费严重不足。卫生院、卫生所没有事业编制，财政拨付二分之一人头费，经费缺口需农场支付。座谈结束后我们三人分头行动，我走访了卫生院，拿到一份资料，打算将案例纳入研究报告。

第四，农工老化，种田主力多为“70后”。“农三代”考学出去不再回来，考不上学的多半也不愿种地，而是外出打工。

第五，种地市场风险高。“现在几乎种啥都不挣钱”，而生活成本上升。用工成本也越来越高，2015年的普工日工资涨到120元。

午后入户访谈，我在天生炕分场，两位课题组伙伴去了小井子分场，共完成问卷17份。天生炕分场有5个作业区，我被5位作业队长逐一陪同入户。队长们有的用自己的小客车，有的开来客货两用车载我去农工住处；还有两位用摩托车带我穿行乡间小道，颠簸尚可忍受，恐惧着实难忘。室外阳光曝晒，让我时不时想起新疆的原野。行路时无论饮水多少，似乎瞬间就“蒸发”了。

新农村建设项目几乎没有惠及农场，仅仅隔一条公路，村庄的道路都已硬化，房屋院落也修葺一新。地方政府把国有农场视为企业，场内道路修建一概由农场自筹资金。受访农工一再要求我向上反映：农场得不到政府的公共设施投资，跟附近农村相比就是“脏乱差”，给土路铺些石子都没钱，垃圾处理更谈不上。

与村庄社区相比，农场的组织程度还是严密得多。例如国家需要的特种药品原料，以往由新疆生产建设兵团种植，现在这个任务被派给甘肃农垦集团，集团为此还专设了特药处。八一农场种植的特种药材于6月20号开始收割，管理干部全部下地巡逻。我在走访第7户农工家庭时，看到了他负责种植的特种药材。大田被高压电网围栏，只有一个门可以进出，作业区干部三班倒，每天24小时值班，值班室里有监控屏幕，能够看到整块大田的情况。从种植、管理、收割到运送，规定翔实明晰。对于制度实施细则，农场员工无人不知、无人不晓，同时也对国家的信任充满自豪。

当天下午6点钟，场部歌咏比赛开始。上午就有场部和分场的合唱队练习，陪我入户的作业区干部都穿了各自的队服。虽说是统一着装、费用自理，但参赛队员个个踊跃。陪我入户的第五作业区党支部书记还被涂上口红，抹了红脸蛋，打电话联系农户时，很不好意思地被我拍了张照片。他夫人今年38岁，平时在城里租房（房租每月600元）陪伴女儿读书，此时刚陪女儿完成中考归来，打电话让丈夫接她一起去会场。一见面，我就赞扬她打扮入时，却甘当啦啦队。书记夫人遗憾地解释：“朱老师，我可爱唱歌了，就是没有时间参加！”

三、黄羊河农场：农地规模经营

2016年6月20日早上，我们从金昌去往位于武威地界的黄羊河农场，那里距离兰州大约280公里。黄羊河农场成立于1953年，是经政务院批准的甘肃省第一家机械化国有农场。我们走进场部会议室，就见桌子上摆放着农场管理层填好的电子版问卷，以及按照课题组调研提纲准备的资料。座谈会上，参会人员坦率地回答了所有提问。除了面临与八一农场相同的困难以外，黄羊河农场上万亩土地被地方政府征调，至今未得到补偿。这种状况，与我们在海南见到的案例极为相似。

会后，场领导陪我们参观了葡萄园（甘肃“莫高”牌红酒的原料基地）、玉米制种田（水肥一体化滴灌）、农机合作社和食品加工厂（糯玉米加工、脱水蔬菜生产、真空杂粮包装）及农场博物馆。博物馆的前身是一个粮仓，外观被改造成不伦不类的欧式建筑，内里的图片实物和解说词，倒是足以展示60多年来农场员工在戈壁荒原创业的历史。博物馆门外的空地上，既有垂垂老者悠闲地坐在小马扎上乘凉，又有几位女士在健身器材上锻炼腰肢，还有小孩子奔来跑去。更有趣的是，武威某家商贸公司搭了小棚子推销平板电视机，除了搭配无线网络定期免费，还赠送洗衣粉和洗衣液。我们进入招待所食堂已近晚7点，看见一群回访农场的山东“知青”正在热热闹闹地聚餐。那兴奋的喧哗，足以透露他们对洒下青春汗水的地方是多么有感情。

6月21日早上，我们仨各自入户访谈。截至午后1点，共完成问卷14份。我从场部去了15公里以外的五分场和良种场，从访谈记录中筛选出以下几条有趣的信息：

其一，黄羊河农场1998年停止招工，此前因种地不划算，不少农场工人撂下土地外出打工。坚持种地的人因而得以扩大土地规模，我访问的五分场的农工家庭分别种植110亩和90亩的制种玉米、食（物）葵（花籽）或甜玉米（农工称之为水果玉米）。实际上，每个农工平均土地种植面积为40亩左右。近些年种粮优惠政策连续出台，一些外出打工的人回来要地，只能按每人30—40亩的标准租赁，再抱怨也得不到租地优先权。

其二，20多年前，为了防止农地撂荒，农场从农村招工耕种。一位来自陕北的农民抓住这个机会成为农场正式职工，还娶了附近农村的姑娘，在五分场安家落户。填写问卷收支部分时，他说，2015年买了一辆小客车，为此从老家亲戚那里借了2万元。相形之下，他觉得自己心脏不好，却一直舍不得花钱去医院检查。我追问其为什么如此，他毫不犹豫地回答：一是随大流跟形势，不然儿子将来娶媳妇困难；二是出门方便。

其三，文化水平高的农工多半经营能力更强。良种场的一位农工原是附近农村的民办教师，高中毕业，教小学。1996年农场招工，他成为正式职工，家里既有大货车、农用车，又有摩托、电动三轮和小汽车。除了种地40亩，还一年出栏两批育肥羊。2015年，他卖羊400只，每只1000—1100元，全部卖给新疆小贩。

站在五分场大田，可以看到积雪的祁连山，清爽的蓝天下，逶迤的山脉顶部的白雪和白云似乎融合在一起，宏伟壮丽、美不胜收。抵达兰州那天，课题组一位伙伴把眼镜遗忘在拉面馆，自然看不清远景。离开黄羊河农场时，我把眼镜借给他看看祁连积雪。另一位伙伴提示，农场大门口有两小截厚厚的干打垒土堆，那是残余的明长城。我赶紧掏出相机，拍下了这一珍贵的遗迹。

四、条山农场：果园与大田

条山农场位于白银市景泰县辖区（县政府自2018年承办黄河石林越野赛），距离兰州170公里左右。该场建于1972年，是甘肃省农垦系统中成立最晚的农场。2016年6月21日午后，我们从黄羊河农场出发，车程大约两小时抵达条山农场总部，行李未卸，便先行座谈。6月22日早餐后，我们做农工访谈，总共完成问卷15份。农工都在地里忙，我们分头去果园水渠边、马铃薯田埂上和玉米地畔访谈，与受访者的对话自然轻松。给我留下深刻印象的访谈信息如下：

其一，条山农场主营林果、马铃薯和玉米，其中玉米种植为的是给客户繁育糯玉米或甜玉米种子。农场大田耕作全部机械化，由项目团队（农技人员）经管。农场团队还到邻近的古浪县和内蒙古租种农民的承包地，这些团队到农村就设法结识“民间领袖”，通过他们与农民签订租地合同，以6000—10000亩的规模实施机械化作业。2015—2016年，每亩地租500元。

其二，在马铃薯地边，我访问了项目经理小张。他毕业于甘肃农业大学农学系，曾为私人老板打工3年，做马铃薯栽培技术员。2009年，他应聘到条山农场，两年后当上项目经理助理，2011年竞聘为项目经理。2015年，他带领团队种植马铃薯7200亩，得到纯利润750万元，场部按10%提成给他们团队，作为效益工资。小张的年基本工资为4.5万元，团队其他成员平均每人3万元，包括他们应缴纳的社保费，全部计入成本。效益工资他得5.5万元，别的成员效益工资按照工作量和其他考核指标分配。

其三，2015年，玉米制种团队经理陈某单独管理农田760亩，得到纯收入52000元。2016年，他和另外6名职工组建项目团队，管理规模扩大到4600

亩。农场有农机队，所有工序都采用大型机械完成。项目团队的任务是及时安排农活，雇用临时工，监督作业质量。项目团队成员每月从农场领取基本工资3000元，年底结算时才能知道是否完成了农场下达的基本交粮指标。超过指标的种子也得出售给农场，价格一般为每斤4—5元，超出部分可作为他们的效益工资。

其四，非正式职工李某来自古浪县农村，在条山农场打工已有10年，将自己的3个孩子培养成大学生。老李曾为生育老三支付计生罚款几百元，他认为农村人还是多生几个娃娃好。生了娃就要花钱供他们上学，老李夫妇之所以跨县到农场打工，就是因为在古浪种地挣不到钱。一年的子女教育支出大约为51000元，全靠他们夫妻在果园干活，孩子们放假都来园子帮忙。

其五，正式职工孙某与李某一样，从果园深处开出一辆电动三轮车与我见面。老孙可能有关节炎，夏日里还在腿上盖了一件羊皮袄。他把皮袄铺在树荫里招呼我坐下，很快完成了问卷。得知老孙支出1000元安装网络，我就追问了一句"为什么"。他笑道："信息时代么，咱有个微信，看个新闻方便。"问他家里是否有电视，老孙答道："电视有呢，冬天下午五六点下工，还能看。这会子晚上8点才收工，家里事还多，看不上电视新闻。"

其六，在"人力节约型梨园"走访了林某夫妇。林女士是四川人，像电影牧马人中的姑娘一样，经人介绍来农场嫁人。她身体健康，当了正式农工。丈夫先天弱视，20年前下岗，如今养老保险还是林女士交，每年缴费1000元。林女士从未独自经营果园或农田，而是在农场领工资。例如现在负责管理30亩果园，丈夫和她一块儿干活，2015年总计领取工资26000元。此外，她还把零星收获的果子按4角一斤交给农场，得到1800元。2016年，她管理的果树正式挂果。林家夫妇认为，自己管理能力差，家庭经济条件也不行，承担不了市场风险，还是这样挣工资保险些。

其七，在梨园等人带路时，我从几位正给幼果套袋的工人那里获知：第一，"快手"每天套袋5000个，慢者每天套袋2000个；第二，农场要求按小时计发工资，实际上雇主还是要参照套袋数量的。跟我聊天的女士来自铁道对面的景泰县城，2016年当地普工工资下降，每天工资70元。农场梨园有早酥梨和皇冠梨，只有皇冠梨需要套袋。

农业一线生产劳动虽然辛苦，但踏踏实实过日子的劳动者自有欢乐。先一步完成问卷的课题组伙伴告诉我，玉米地头有些季节工在跳广场舞。过去一看，那是来自附近农村的除草工。他们多数躺在地边或渠边歇晌，有八九位女工合着藏歌节拍舞动身姿，自娱自乐，很是惬意。2020年，我还把她们翩翩起舞的照片插入演讲大纲，在央视财经频道节目《中国经济大讲堂》上展示了一番，这自是后话。

（作者为中国社会科学院经济研究所研究员）

内江市东兴区“两项改革”调研随笔

徐照林

2021年3月17日至27日，中国经济体制改革杂志社调研组围绕四川省“两项改革”、四川天府新区“新时代公园城市典范”改革进展赴四川省调研。我有幸作为调研组成员参加了四川省“两项改革”调研，实地走访内江市、广安市，与市、县（区、市）、乡（镇）、村各级领导干部、群众展开交流。调研组分别在内江市和广安市岳池县召开座谈会，随机走访基层干部、村民，了解“两项改革”进展情况。本次四川省“两项改革”调研，得到了四川省委有关部门的大力支持，广安市和内江市的各级党委、政府给予调研组无私帮助，内江市东兴区、广安市岳池县提供了当地“两项改革”翔实的材料，帮助调研组了解基础情况。

这次调研对我这个重回体改领域的改革“新兵”而言，是一次难得的深入基层，向地方学习改革实践、改革方法的好机会。通过实地调研、随机走访、座谈会交流等方式，后学对四川省“两项改革”有了些感性认识，产生了一鳞半爪的感想，现不揣浅陋，把当地政府提供的资料、沿途所见、交谈而得的情况，以及自己一点粗浅的思考整理成随笔一则，供茶友们品鉴、指正。

一、地方改革创新案例研究

十八届三中全会以来，习近平总书记多次在中央全面深化改革会议上强调加强改革落实，对地方全面深化改革的各个方面都做出了具体要求。中国经济体制改革研究会自2017年开始启动“地方改革创新实践案例研究”项目，中国经济体制改革杂志社是课题实施单位。“地方改革创新案例研究”的宗旨是推广地方改革创新实践经验，引导改革研究方向，服务中央领导及有关部门决策。中国经济体制改革研究会会长、十二届全国人大财经委副主任、国家发展和改革委员会原副主任彭森同志任课题组组长。中国经济体制改革研究会常务副会长兼秘书长、国家发展和改革委员会区域开放司原司长赵艾同志任课题组副组长。中国经济改革研究基金会理事长、国家发展和改革委员会原经济体制综合改革司司长孔泾源任课题组顾问。中国经济体制改革杂志社总编辑史克毅、中国经济体制改革杂志社社长潘治宏任课题组执行组长。中国经济体制改革杂志社调研部主任贾存斗任课题组学术秘书。

课题组根据2017年“地方改革创新实践案例研究”成果撰写的论文《地方全面深化改革的阶段性特征、问题与政策建议》，获得国家发展改革委组织开展的庆祝改革开放40周年论文征集评选一等奖，并入选2018年中央宣传部、中央改革办、中央党校（国家行政学院）、中央党史和文献研究院、国家发展改革委、教育部、商务部、中国社会科学院、中央军委政治工作部在北京召开的庆祝改革开放四十周年理论研讨会论文集，中国经济体制改革杂志社社长潘治宏获邀出席理论研讨会。“地方改革创新实践案例研究”部分研究成果上报后，得到了中央有关部门的高度重视。中国经济体制改革杂志社为更好地研究和宣传地方全面深化改革，2020年10月在“地方改革创新研究中心”的基础上组建成立“地方改革创新研究院”。

二、四川省两项改革“前半篇”任务基本完成

四川省作为人口大省，乡镇数量高居全国榜首，建制村数量也远超人口、面积和经济总量相近的省份。四川省的乡镇、建制村存在着数量多、规模小、分布密、综合实力较弱的情况，这制约着四川省经济社会的更好发展。四川省推进乡镇行政区划和村级建制调整改革，即“两项改革”的主要目的是希望通过调减乡镇和建制村数量，优化资源要素配置，重塑乡村经济和治理版图，强化农村基层组织建设，为促进乡村全面振兴夯实基础。

改革前，四川省农村人口空心化、经济空壳化的现象较为严重，亟待改变。四川省“两项改革”由省市县乡村五级书记亲自抓，全省上下高度重视，形成

了全局一盘棋的工作格局，在充分尊重民意的基础上稳慎推进。

目前，四川省两项改革“前半篇”任务基本完成，全省乡镇从4610个减为3101个，减幅32.7%；建制村从45447个减为27018个，减幅40.6%；村民小组从386120个减为233980个，减幅39.4%；社区从7804个增加到8261个，新增457个，增幅5.9%。两年多的时间，四川省“两项改革”已经取得了阶段性成效。

一是拓展了发展空间。全省乡镇平均面积从106平方公里增至156.7平方公里，增长47.8%；建制村平均面积从10.7平方公里增至17.7平方公里，增长65.4%，过去不合理的空间形态得到了显著改善。

二是激活了县域经济。全省共形成中心镇540个、重点镇609个、特色镇711个；10万人以上的乡镇达到195个，增长124%。提升了产业集聚程度，夯实了县域经济高质量发展的基础。

三是提升了服务效能。乡镇统一设置了党建工作、综合行政执法、社会事务机构和便民服务中心。县级部门派驻站所普遍实行属地管理，一大批公共服务事项由市县下放到乡镇就近办理，基础公共服务能力得到明显提升。

四川省“两项改革”打破了区划界限和行政壁垒，顺应了人口城镇化、产业规模化、服务便民化的趋势，优化了空间结构，实现了治理架构的历史性重塑。

三、内江市东兴区两项改革“前半篇”成效初显

这次调研组实地走访了内江市、广安市的多个区县，我以内江市东兴区为例，和诸位前辈、茶友们分享他们进行“两项改革”的情况。

东兴区历史悠久，东汉置县，名为汉安，隋改内江，1989年撤县建区。东兴区是革命老区，也是国画大师张大千的故乡。截止到2019年9月，东兴区辖区面积1180余平方公里，人口81.6万人，辖4个乡、20个镇、3个街道办事处，379个建制村，3241个村民小组，81个社区居民委员会、828个居民小组。2019年6月，内江市东兴区按照中共四川省委、四川省人民政府的统一部署，开启了东兴区各镇行政区划调整改革，12月初完成了乡镇行政区划调整改革；2020年2月，东兴区启动村建制调整改革，6月完成了建制村调整改革任务；

2020 年 7 月，东兴区启动村民小组合并和社区建制调整优化，并于 12 月完成合组及社区优化工作。截至 2020 年底，东兴区全区乡镇街道由 27 个减至 17 个，减幅 37.0%；建制村总数由 379 个减至 187 个，减幅 50.7%；村民小组由 3241 个减至 1959 个，减幅 39.6%；社区总数由 81 个优化为 90 个，优化幅度 89.2%。东兴区两项改革“前半篇”成效初显，主要体现在四个方面。

一是空间格局得到优化。东兴区镇街的平均面积由 40.71 平方公里增至 66.66 平方公里，建制村的平均面积由 2.82 平方公里增至 5.35 平方公里。

二是产业集聚效应明显。东兴区形成了田家现代农业镇、椑木现代工业镇、郭北天冬小镇。郭北镇青台村与林家观村合并后，短短数月即发展天冬两千余亩。

三是干部队伍结构得到优化。东兴区党政主要负责人平均年龄由 43.7 岁调整至 41.1 岁，村干部平均年龄从 47.7 岁下降至 43 岁；大专及以上学历人员比例从 15% 上升至 48.8%，初中及以下学历人员比例从 32.3% 下降至 2.5%；优秀农民工村干部比例从 54.5% 上升至 69.3%；超龄村干部比例从 2.6% 下降至 0。

四是公共服务更加完善。东兴区将撤并镇村便民机构全部保留，为解决 10 个被撤乡镇群众办事距离远、盖章繁等问题，采用“一个领导”蹲点办、“一枚印章”管审批、“一个窗口”业务归办、“一个点位”免费代办等方式，为群众提供优质服务。

四、内江市东兴区“两项改革”的推进方式

“两项改革”顺利落实，需要各级党委、政府的高度重视。“两项改革”是四川全省的重大改革举措，东兴区委、区政府得到了上级部门的支持，区、镇两级党委、政府认真履行改革主体责任。东兴区“两项改革”顺利推进，除了认真落实省委、省政府“两项改革”重大战略决策部署外，自身也因地制宜、尊重民意，科学推进“两项改革”。东兴区“两项改革”的推进方式值得剖析，或可对其他地区改革有参考价值。

首先，东兴区“两项改革”重在实现资源优化配置。东兴区并不是简单对镇村数量做减法，而是打破原有区划壁垒带来的体制障碍，从而推动各类要素的流动，实现资源优化配置。2019 年 12 月，东兴区将中山镇、椑南镇、小河口镇

整体划入椑木镇，打造面积116平方公里、人口超10万、经济总量接近30亿元的“产城融合发展示范镇”。

其次，东兴区科学制定“两项改革”实施方案。方案制定前，东兴区进行了深入、扎实的摸底工作，全面摸清辖区面积、人口数量、人员编制、财政收支、产业发展、基础公共服务等情况，为科学拟制“两项改革”方案奠定了扎实的基础。方案拟制时，东兴区结合本地资源禀赋，征求社会公众意见、开展专家论证、风险评估和合法性审查，确保“两项改革”依法稳妥推进。

东兴区“两项改革”激发了基层干部的做事积极性。东兴区下沉机构36个，行政编制14名，事业编制257名，全区各镇（街）的平均编制数从38.8名增加到76.7名，有效解决了乡镇人手不足的问题。东兴区大力改善村干部的待遇，村支部书记补助从1800元提高到3000元以上，激发了基层干部的干事热情。

最关键的是，东兴区“两项改革”坚持了以民为本的原则，得到了群众的拥护。东兴区在推进乡镇行政区划调整改革中，原打算将三烈镇合并入富溪镇，但当地群众认为三烈镇原隶属双才镇管辖，对双才镇的认同感、归属感更强。东兴区尊重群众意愿，将三烈镇合并入了双才镇，得到了群众的广泛好评。“两项改革”涉及合并镇村间的债权债务问题，东兴区在充分尊重群众意愿的前提下，通过“旧账分开、新账合并”的方式，稳妥推进债权债务整合问题。东兴区合理利用资源，将闲置房屋、“涉改乡镇”的办公用地改造为乡镇干部、教师、医生的周转房，抑或作为医疗卫生、养老用房，解决基层干部、群众的实际需求。

东兴区为了把“两项改革”做实、做透，发放了10267份乡镇行政区划调整改革问卷，调查结果显示仅有3份反对意见。由此可见，东兴区两项改革“前半篇”得到了基层干部、群众的广泛支持。

五、关于内江市东兴区两项改革“后半篇”的思考

两项改革“前半篇”重在调整优化，“后半篇”重在提质增效，目的是促进乡村全面振兴和县域经济高质量发展。“两项改革”的主要动因是经济因素，我们不能简单地把镇村合并后的经济体量进行叠加，重要的是改革后镇村的产业集聚效应达到预期。内江市东兴区如何更好地做好两项改革“后半篇”，笔者有些浅见，在此求教于诸位前辈老师。

一是夯实基础设施建设。基础设施是两项改革“后半篇”提质增效的基础，农村的水、电、气、路等基础设施有待于进一步优化升级。民生服务一直是群众关注的焦点，东兴区可以考虑规划建设、改造升级一批具有区域性辐射能力的中小学、卫生院、养老院。

二是发展现代农业。“两项改革”是乡村振兴的“牛鼻子”，东兴区可结合自身资源禀赋，打造一批农产品加工园区，提升农业附加值，培育现代农业企业，促进东兴区现代农业发展，为乡村振兴夯实基础。

三是提升便民服务能力。基层便民服务是“两项改革”的重要环节，需要有较宽裕的经费予以保障。如果财政预算压力不是太大的话，可以划拨专项经费，保障基层工作人员的干事积极性。人民群众可以参与到基层政务服务的定期考核评估、不定期抽查中来，促进工作人员把服务做得更实、更好。上级部门不定期通过暗访、抽查，对基层工作人员的业务水平、服务态度等方面进行督查，发现问题及时整改，回应群众关切事项。

四是多方参与财务合并的审查、监督工作。镇村合并中的财务合并，可以由上级审计、监察、财政、税务、物价等部门联合行动，可以聘请第三方的专业财务人员配合审查。上级部门可以通过排查、摸底、核对、登记造册等多种途径，保障镇村合并后财务准确性。可以从合并的镇村中，选择年富力强、做事细致、刚直不阿、敢办实事的热心群众参与监督。

五是形成人才集聚。东兴区经济高质量发展离不开人才资源，需要有人才、重视人才。东兴区不仅要想尽办法将人才留住，而且要想尽办法促进乡村人才回流、吸引外部人才流入，形成人才集聚，成为尊重人才、培养人才的沃土。

内江市东兴区“两项改革”得到基层干部的支持、群众的拥护，稳妥推进的改革方式是其成功的关键，这也是符合改革逻辑的。中国改革开放的成功，其中一条宝贵经验就是我们采用了渐进式的改革方式。“两项改革”的根本目的是让人民群众的生活更加美好，只要坚持以人民为中心的价值理念，就能将两项改革“后半篇”做得实、做得好。我相信东兴区各级党委、政府有足够的智慧、满满的担当去承担两项改革“后半篇”的应尽职责，交出让人民群众满意的答卷。

（作者为中国经济体制改革杂志社地方改革创新研究院学术秘书，南通大学张謇研究院特约研究员、博士后）

浅谈视频自媒体

林家田

自媒体（We Media）一词大致可以溯源至专栏作家 Dan Gillnor 于 2001 年提出的“新闻媒介 3.0”概念，即与由一方主导的传统媒介相对应的自主可互动传播方式。如此说来，自媒体已悄然在人们的生活中存在了二十年，从微博、校内网（后来的人人网）等平面化信息传播方式逐渐发展为影响整个经济、社会、教育乃至政府政策制定等的全领域立体传播平台。

以短视频为主要形式的自媒体是当下人们消费闲暇的最佳选择，并且得益于智能手机规模效益带来的价格普降以及第四代移动通信网络技术（即 4G 网络）的快速发展，自媒体也发展成为一种新兴职业，让普通人群可以通过发现自身优势更简单地实现价值变现，自媒体人也一度成为新的社会阶层中不可或缺的中坚力量。

一、自媒体早期乱象

2013 年，美国 Twitter 公司旗下的视频分享应用 Vine 首推 6 秒短视频分享方式，并支持短片连接嵌入 Twitter 消息，这被看作短视频的起源。在中国，以短视频（时长一般在 60 秒左右）为主要形式的自媒体被追捧大致发端于 2014 年的冰桶挑战，而在这一年，4G 网络覆盖了中国 300 余个主要城市；更符合人类单手握持习惯的智能手机替代功能手机的趋势也在这一年形成，之后未曾逆转。换句话说，短视频在中国实现质变的基础早在 2014 年已经具备，接下来就是平台角逐的故事，网上各种分析文章已经铺天盖地，本文不再探析。

早期短视频还只是一种娱乐方式，播主无法通过内容变现，内容良莠不齐，平台监管不严，市场政策空白，这些必然导致柠檬市场出现，发生劣币驱逐良币现象。而随着监管政策出台、平台竞争淘汰、用户积累沉淀，短视频在自媒体时代逐渐成为主流传播方式。究其原因，主要是人们对知识的快消费以及对碎片时间的不合理使用。短视频平台为了获得更多关注量，不断给予用户发布奖励，从最初的虚拟产品到如今的真实货币，而在这一发展过程中又出现了新一轮输出乱象。

这一轮乱象产生的原因主要是内容可变现导致用户追求短期利益，并对发布的短视频承担轻风险甚至零风险。平台将给予用户的奖励兑现为货币之初，大多采用CPM标准，即千次播放收益，各平台以1000次播放为基数，根据内容时长计算播主收益。对于以短视频为生的自媒体人来说，其内容即产品，而其产品符合产品生命周期理论，并且生命周期极其短暂，有些甚至只能昙花一现，所以其对短视频数量的追求远远高于对质量的追求，这一时期短视频内容并不精良。粗制滥造并不是成本最低的短视频供应方式，二次创作更加搅乱了自媒体市场，也就是我们常说的“搬运”“抄袭”。二次创作通常是从国内外同类型平台“拷贝”视频，只做简单编辑后发布在自己的账号上。由于早期平台技术限制，平台无法发现“搬运”“抄袭”痕迹，也就无法实现事前“查重”，唯一行之有效的手段就是人民群众监督举报，如此一来在时间上的迟滞已经给短视频播主带来了可观收益。

二、乱象过后是清流？

以短视频为主的自媒体平台经过几年的资本角逐，逐渐形成寡头垄断，也探索出更符合人类注意力极限的3—5分钟小视频模式，且检测技术的成熟以及货币激励政策优化，对视频播主提出更高要求，鲜有优质内容输出的播主很快被淘汰，驱使大量“投机倒把”的播主再无生存空间，市场向优质内容供应方倾斜。平台“领域”的设置也成为优质内容持续输出的关键，以“今日头条”为例，旗下“西瓜视频”注册用户在注册时即被要求选择一个垂直领域进行认证，美食、旅游、音乐、育儿、三农、“vlog”等若干领域可供认证，且内容垂直度在75%以上才被认为具有推介价值，即播主要在自己选择的领域深耕细作，内容输出才会优质，价值变现才能持续稳定。平台思维不难理解，就是“专业的人做专业的事”。

视频播主创造一条或几条优质内容比较容易，但持续稳定输出优质内容则没那么简单，因为这不仅要求其发布的内容符合“十秒定律”“开场即高潮”原则，更对内容“娱乐化”“知识性”有着直白追求。

以美食领域为例，视频播主可选择发布做饭、吃饭甚至花钱看人吃饭等各种内容，但开场十秒最为关键，“十秒定律”“开场即高潮”在时间维度上决定了视频是否具有传播价值，因为看客的注意力只有在视频播的前十秒被锁定，他们才有可能观看完整视频，而视频完播率则是平台货币激励政策的重要指标之一。内容“娱乐化”“知识性”体现的是视频给看客带来的感受和收获。人们偏好娱乐影像毋庸置疑，特别是在当今这样的泛娱乐化时代，娱乐性强的内容可为现代人群的生活压力提供释放空间。此外，很多人需要从短视频或小视频中获取知识，这些知识一般具有碎片化特征，但播主的持续更新会让知识具有系统连贯性，给予看客被动学习的动力。看客若认可播主的内容，则会选择关注他并成为其粉丝，而粉丝对播主视频内容的观看和转发是该视频变现的另一个重要指标。

这一时期平台计算收益的方式更加科学合理，千次播放量、粉丝播放量（粉丝观看带来的收益往往超过非粉丝观看的 3 倍）、获利播放量（依据“十秒定律”，被连续观看十秒以上的视频开始计算收益）、视频完播率（一条视频被完整播放的程度）等都成为收益变量，而这些变量最终都指向优质内容，各平台计算方法不完全相同，播主收益也就没有通用公式，进而打消播主“套用公式”“投机取巧”的动机。以视频传播为主要方式的自媒体呈现“清澈透明”趋势，不断有人加入自媒体大军，欲在时代利好背景下分一杯羹，而彼时 MCN 机构的大量涌现似乎对“单打独斗”的自媒体人并不友好。

三、搅动市场的另一股力量

短视频可以变现之初，贡献内容的多为个体用户，能够成规模快速传播即被称为“网红”，“李佳琦”们正是早期个体创业者的样板。但正如互联网其他细分市场一样，资本的嗅觉极其灵敏，热钱快速涌入，形成多频道网络机构，即 MCN 机构。MCN 机构与平台不同，其虽也是中介性质，但更注重对视频播主的主动挖掘，并自带广告商属性，能够将具有稳定变现能力的播主招入麾下，重金打造一线网络红人，其本质等同于明星经纪公司。移动互联网第三方数据挖掘与整合营销机构艾媒咨询数据显示，中国 MCN 机构 2017 年只有 1700 家，2020 年则已经超过25000家，而这一年中国网民规模已达9.89亿，视频用户规模则达8.73亿，占比为88.27%，内容消费群体和供应方为正相关关系。

“单打独斗”的视频播主在平台标准不断提高及MCN机构夹击的双重压力下，生存空间逐渐式微，或签约打工，或销声匿迹，这一行业趋势使得自媒体的自主性进一步弱化，资本在这一舞台上演一轮又一轮角逐大戏。截至本文写作时，还没有哪家MCN机构能够独领风骚，但不难预测，由于视频市场逐渐饱和，可生产“领域”内容同质化严重，市场淘汰机制发生作用会很快显现效果。依靠当家主播的MCN机构头部效应明显，资源和流量都集中在头部“领域”，因此产生的关联效应会致使风险不断提高，能够打破这种风险的有效方式则是培育品牌。品牌的价值体现在不必依靠主播即可创造利润，所以不难发现，嗅觉敏锐的MCN机构已经开始将内容与主播脱钩，采取流水线主播供应内容，专注创造“领域”价值，抛弃高成本维持“网红”人设的商业模式，转而追求内容至上的长期经济价值。

市场对MCN机构的评价也变得客观公正，MCN机构在专业性、系统性方面是保障视频自媒体行业良性发展的生力军，承担连接平台、播主、广告商等三方的重任，在未来或可通过资源整合完成对平台的反向超越，那就又是另一番局面了。

四、结语

视频自媒体发展至今留给个体从业者的自主性空间几乎殆尽，但在“vlog”领域似乎还留有空白。“vlog”是video blog（视频博客）的缩写，其对播主内容的垂直性体现在播主本人，也就是说，看客关注的是播主本人是否“好看”，而非播主输出的内容。播主本人“好看”并非特指颜值，还有声音、装扮乃至性格、学识的综合呈现，以美食、旅游、音乐等作为辅助，全面立体地展现个人魅力，其“演员”属性更加明显。

根据长尾理论，市场必定需要个性化产品，视频自媒体市场也不例外，强者恒强，能够持续展现自我魅力的人，也会受到一部分群体的青睐，随着MCN机构转向培育品牌，选择这一领域的自媒体人或可占据一定份额。

（作者为中国社会科学院经济研究所管理干部）

名校博士入职街道办的经济学解读

陈隆近

一、事件回顾

2018 年 6 月，深圳市委组织部发布《关于深圳市选调紧缺专业人才到街道任职人选名单的公示公告》。其中，南京大学物理学院罗副教授转任深圳市南山区桃源街道办事处副主任一事引发关注。

2020 年 5 月，深圳市南山区桃源街道办事处“领导及分工”网页显示，罗副主任兼任街区建设部部长，“负责街道三区融合、民生实事及微实事、文化、体育等工作，对接西丽国际科教城规划落地工作”，并“挂点大学城社区”。

当事人简历如下：

1998—2003 年，中国科学技术大学应用物理专业本科生。

2003—2009 年，哈佛大学物理系生物物理专业博士生。

2009—2013 年，哈佛大学物理系脑科学中心博士后。

2013—2018 年，南京大学物理学院副教授。

2018 年至今，深圳市南山区桃源街道办事处副主任。

二、边际上的得失权衡

经济学原理认为，判断一件事是否值得（继续）做，需要在边际上权衡得失。边际收益大于边际成本（即边际净收益为正）时，总的净收益在上升，应多做；边际收益小于边际成本（即边际净收益为负）时，总的净收益在下降，应少做。基于当事人的选择，可以认为无论其从事学术工作的边际净收益或正或负，其从事行政工作的边际净收益都更大。因此，去职名校而入职街道办不失为理性的选择。

关于收益和成本的实际大小，存在一些共识性的客观指标。比如，工资多少、工时长短等。然而，对收益和成本的评价也存在个体差异。比如，一方面，有人（这里并非指涉当事人）比较看重与行政工作相关的“在职消费”。另一方面，学术圈外的不少人可能高估了学术工作的收益（如有寒暑假，不坐班），而同时低估了学术工作的成本（熬夜，脱发，反复被拒稿……）。因此，全面梳理收益和成本信息有助于理解他人的行为，并做出自己的选择。

三、应当“目明”，自然“心动”

经济学原理认为，“机会成本”是改变选择能获得的最大收益。机会成本是经济成本的一部分，进行职业比较和选择时不能不加以考虑。当事人所在的深圳市南山区桃源街道一年创造的国内生产总值超过10亿元。享受正科级编制的待遇之外，当事人还获得深圳市党政干部人才“苗圃计划”资助。因此，当把转投街道办的（较大）收益计入坚守名校的成本后，坚守名校的净收益（进一步）下降了。

社会上存在一种看法：学术工作者对象牙塔之外的事未能“目明”就是“学究气”，但对象牙塔之外的事有所“心动”又是“市侩气”。这样的看法是站在道德制高点上，把无视机会成本当作“应然”来宣扬。无视机会成本意味着从事学术工作的成本被（进一步）低估，而这或许是人们难以理解去职名校而入职街道办的又一原因。

四、何以称“浪费”？

有人会说，一旦入职街道办，在名校学习和工作多年的投入就“打了水漂”。但经济学原理认为，之前发生而与当下决策无关的成本是“沉没成本”。对于在名校学习和工作多年所投入的人力资本，当事人决定是否（继续）从事学术工作时已作过考虑。因此，权衡是否入职街道办时，就不应对名校经历这一沉没成本再作纠结了。

职业选择何尝不是一种“探险”，有成功有失败。承认沉没成本就是“悟已往之不谏，知来者之可追”。无视沉没成本，则是拒绝自新，将继续犯错。事实上，放弃净收益更小而转向净收益更大的工作恰恰是纠正了资源的错配及其造成的浪费。相反，“躺”在名校的光环下做自己不擅长或不快乐的事才可能是真正的浪费。此外，如果名校经历是当事人获得深圳市党政干部人才“苗圃计划”资助的重要原因，那岂不正好将沉没成本“盘活”一次？这哪里是“浪费”？分明是“节约”啊！

进一步再看，人力资本可以有“通用”和“专用”之分。像做实验、写论文这样的“专用”技能，离开了学术圈就多半用不上了。但我们注意到，深圳市南山区桃源街道所辖有南方科技大学、清华大学深圳研究生院、北京大学深圳研究生院等高等院校。这意味着当事人跟学术圈打交道这样的“通用”技能并未被“浪费”，反而可能在“挂点大学城社区”“对接西丽国际科教城规划落地工作”中凸显出作用。

尽管在个人层面不存在“浪费”，但在社会层面可能情况不同。大约40年前，社会上流传“造原子弹不如卖茶叶蛋，拿手术刀不如拿剃头刀”的顺口溜。这样的现象反映了社会评价之“名”（“原子弹”和“手术刀”重要）与个人评价之“实”（“茶叶蛋”和“剃头刀”挣钱）的背离，也就是被称为“正外部性”的低效率情形。要避免学术工作者流失，不能仅仅要求他们超然于个人得失。纠正正外部性及其导致的社会“浪费”，就是去弥合名实之间的偏差，也就是把对社会有益的才华配置到同时对个人有利的工作上去。提高学术工作的收益暂且不论，降低学术工作的成本似有可为。比如，少一些功利性的考核，少一些走过场的会议，再少一些填不完的表格？

（作者为西南大学经济管理学院副教授）

过度的金融资源挤出了企业家精神？

蔡庆丰

引言：从银行分支机构“扎堆”设立谈起

2008 年次贷危机爆发以来，中国和美欧日等其他国家一样都采取宽松的货币政策以期刺激经济增长，至今已 10 年有余。但在我国，海量的货币供应和宽松的银行信贷并没能促使企业加大创新和研发投入，推动实体经济实现转型升级，反而出现大量企业利用“廉价”“宽松”的银行信贷资源盲目“加杠杆”、扩产能的现象，重蹈粗放式的增长模式。这也导致近年来在很多行业和部门都出现了“杠杆率高企”和“产能过剩”并存的局面。过去 10 年的量化宽松也见证了中国银行业的快速扩张、竞争加剧。特别是 2009 年银监会印发了《关于中小商业银行分支机构市场准入政策的调整意见（试行)》，放松中小银行的机构准入，各类型商业银行都加快了在全国的网点布局，这又进一步加剧了金融机构和信贷资源可得性在区域分布上的不均衡。金融资源除了地理空间上的分布不均衡，在产权和规模上的配置也并不均衡，国有企业和大型企业成为各类金融机构追捧的“宠儿”，容易出现金融资源过剩现象。而民营企业和中小微企业融资难、融资贵的问题却一直没能得到有效缓解。那么，近年来出现的这种商业银行网点扩张、竞争加剧、信贷资源配给不均衡的现象对上市公司投融资和研发创新会产生什么样的影响呢？

金融供给的地理结构会影响企业获取外部资金的可得性和便利性，进而影响微观企业的投资决策和创新行为。我国是以商业银行和间接融资为主导的金融体系，根据易纲（2019）的统计：截至2018年底，中国银行业资产规模（268万亿）占全国金融业资产总额（300万亿）的近90%。除了北上深等金融中心城市，我国的金融地理结构基本上可以由商业银行的网点布局决定。在我国，信贷资源也主要还是通过商业银行网点配置到各个地区、行业和企业。“好企业”往往是银行分支机构和银行信贷资金的“追捧”对象，而企业家在银行家的“游说”下，企业在过度金融资源的“诱导”下，容易在投融资决策上出现“过度负债”“过度投资”。过度的信贷资源会对企业家的“企业家精神”形成挤出效应，研发投入不足，创新精神不够，“好企业”也渐渐地就演变成“坏企业”。企业的“过度负债”和“过度投资”也变成银行的坏账，随着信贷资产质量的恶化，“好银行”也变成“坏银行”。在我国这种以商业银行和间接融资为主导的金融体系下，如何打破银企之间不健康的循环是中国经济实现创新驱动、高质量发展的关键。

一、金融资源的“错配”与企业家精神的挤出

在我国，总体而言，信贷资源对于大部分企业来讲无疑仍是稀缺的。但是，总量上的稀缺并没有“平均分布”到各类型企业，信贷资源在微观企业层面的配置存在严重不均衡的现象（陆正飞等，2015）。这就意味着，整体上“稀缺”的信贷资源，在局部个体上可能存在过剩或者不足的现象。而这种局部的“过度”——银行网点的扎堆设立、银行家的殷勤追捧、信贷资源的“蜂拥而至”，也很容易对企业家的投资决策和企业的研发投入产生影响。我们知道，丰裕的信贷资源是企业快速扩张的重要支撑，粗放式的规模扩张不仅风险相对较低而且能达到立竿见影的效应。尤其是对于A股上市公司而言，它们大多属于行业头部企业，更是所在地的“明星企业”和“好企业”。它们更容易得到当地银行机构的追捧和服务，从而获得超出企业所需的金融资源。因此，这些企业在决定发展道路时，更可能倾向于选择“资源依赖”的外延扩张路径，引发“过度负债”与“过度投资”的扩张冲动，而非专注于依靠“研发创新”的内涵发展模式。我们以企业周边银行分支机构数量作为金融资源的代理指标，实证研究信贷资源供给的金融地理结构对企业研发投入的影响后发现：金融资源越丰富，企业的研发投入反而越低。过度的金融资源以及金融资

源的错配容易挤出企业的“企业家精神”。

事实上，中国以商业银行为主导的金融体系也容易导致过度金融资源的错配。由于商业银行的负债端（存款、借款或发债）具有“刚兑”要求，因此在资产端的信贷投放和资产配置上也偏好具有“刚兑”的资产，而这类“刚兑”资产或者要有高信用（比如政府信用、国企信用）的背书，或者要有高质量的抵押（比如房地产、固定资产投资）。商业银行更愿意将信贷资源配置给国有企业（包括地方政府融资平台）和大型企业（包括房地产企业），而这部分企业本身也创新意愿较低。当整个社会90%的信贷资源通过商业银行配给到国有企业、政府基建和房地产等刚兑资产上时，企业的研发创新活动便陷入“巧妇难为无米之炊”的窘境之中，而创新才是带动经济转型升级和高质量发展的源泉和动力。我们的研究也发现，金融资源对企业创新活动的抑制效应在国企和大型企业中更加明显，而对于非国企和中小企业，这一抑制效应较弱。因此，金融资源对企业创新活动的抑制作用其实是金融资源错配而产生的一种结构性失衡现象。

不同类型的银行在对企业贷款和创新活动的支持上也存在明显的差异性：国有大型银行具有产权、规模和利息成本优势，更容易获得国有企业、地方政府融资平台等具有“刚兑”属性的优质信贷项目，赚取安全的利差收益，因此，他们更没有激励机制去支持民营企业和中小微企业风险高、周期长的创新研发活动；另外，从银行的组织架构上来看，国有大型银行的组织层级（总行—省市县分支行—网点）较多，这导致对于企业创新活动至关重要的“软信息”难以在大型银行中得到有效沟通和传递，国有大型银行在放贷过程中可能更依赖于企业的“硬信息”和规章的“硬约束”。因此，国有大型银行在支持企业的创新活动上效率较低，甚至有研究认为区域的国有银行占比高会显著抑制该区域企业的创新活动（Xiao & Zhao，2012）。股份制银行和地方性中小银行在组织架构、信息获取和市场化程度上的灵活性使其能够更有效地支持企业的创新活动：首先，股份制银行和地方性中小银行的组织架构较国有大型银行更为扁平化，网点机构所获取的企业创新活动相关的“软信息”能够在银行内部实现有效传递；其次，股份制银行和地方性中小银行由于规模和资金成本的劣势，在服务国有企业和地方政府大型基建项目上往往没有优势，因此他们在信贷投放上的风险容忍度会更高，会更愿意关注和支持区域内的民营、中小企业，在信贷项目争取上也会更加积极和主动；此外，股份制银行和地方性中小银行的业绩激励会比国有大型银行更加市场化，其信贷决策也会更加灵活和市场化，在获取企业相关“软信息”方面可能更加积极灵活，从而也会更有助于提升企业的创新活力。因此，从某种意义上讲，股份制银行在信贷投放上会更具“企业家精神”。我们的研究也发现，国有大型银行的信贷资源会显著抑制企业的创新活动，而股份制银行和地方性中小银行的信贷资源却能够对企业的创新活动起到正向促进作用。

二、过度的金融资源引发企业的过度负债与过度投资？

信贷资源可得性对企业创新活动的抑制效应是因为银行信贷资源在配置过程中存在金融错配的现象，这导致部分企业获取了大量廉价的资金，诱使其走上发展的“资源依赖”路径，产生“过度负债”和“过度投资”现象。一方面，过度负债的企业基于内部的风险控制和外部债权人的压力会降低研发投入；另一方面，当企业能够获取大量廉价的信贷资源时，充裕的现金流也会诱使企业出现过度投资，导致企业更倾向于采取规模扩张的粗放式增长模式，而不是集约型的创新发展模式。

（一）过度的金融资源与企业的过度负债

我们研究发现，过度负债是金融资源影响企业创新活动的传导渠道，金融资源抑制企业创新活动的原因在于丰裕的信贷资源会诱使企业进行“过度投资”，并将获取的金融资源更多地用于投资房地产行业，持有更多的投资性房地产和土地使用权，从而挤出创新研发投入。随着商业银行的竞争加剧，国有或大型企业往往会受到各类型、各层级银行机构的热捧，这也容易导致部分企业所获取的信贷资源超过正常发展所需，出现“过度负债”现象，进而抑制企业的创新投入。银行信贷资本应是促进企业创新活动的“助推器”，但是过度的金融资源也会带来企业的“过度负债”，进而通过内部的“风险平衡”和外部的债权人游说抑制企业的创新活动，即表现出了金融资源在创新活动上的“诅咒效应”。

（二）金融资源错配与企业的过度投资

丰裕的金融资源往往会诱使企业家选择了粗放式的规模扩张路径，企业将所获得的信贷资源更多地用于生产性投资，导致“过度投资”现象，进而对研发投入产生“挤出效应”。具体表现为盲目扩大企业规模及对未来投资项目收益的高估，进而导致在生产性项目上过度投资，挤出企业用于研发创新的资金。企业不再致力于通过周期长、不确定性高的研发创新活动来提升竞争力，而是更倾向于采取固定资产投资和规模扩张这种风险低、见效快的粗放式的生产性扩张，而非内涵式的创新驱动发展。地理空间上的临近便于银行家和企业家的互动交流。在银行家的游说和追捧下，企业家容易信心膨胀和过度自信，继而过度投资，特别是投资固定资产。当然，过度的融资与过度的固定资产扩张也与当下不断爆发的债务违约和产能过剩有着千丝万缕的联系。

（三）金融资源过度与企业“脱实向虚”

在过去的十年，我们不仅见证了银行业的快速扩张和金融部门的自我膨胀，也见证了房地产行业的泡沫化和房价的快速攀升。房地产行业的繁荣会吸引大量的实体企业进入房地产行业，从而挤出企业的正常投资支出，给实体经济的可持续发展带来负面效应。房地产行业的高利润吸引了大量实体企业的进入，尤其是当企业面临的信贷资源可得性越丰富时，企业会有更大的动机将资金转移到房地产行业获取高额收益。近年来，我国大量上市公司偏离主业进入房地产行业，甚至通过变卖房产和土地实现扭亏为盈的现象更是屡见不鲜。此外，由于贷款抵押担保制度的存在，我国商业银行在贷款过程中往往会要求企业有足够的资产作为抵押品，导致银行也会更偏向于去支持企业投资到房地产行业的项目中，而不是投资周期长、风险高的创新项目，这也进一步激励了金融资源较多的企业去持有更多的投资性房地产和土地资产使用权。

三、推进金融供给侧改革，激发银行家的“企业家精神”

中国的供给侧改革首要在于金融供给侧改革。金融是现代经济的核心，金融部门是一国经济体系的神经中枢，其资源配置效率很大程度上决定着一国的经济发展质量。我国以银行信贷为主的间接融资占整个社会总融资额的80%以上。商业银行的负债端（存款、借款或发债）均有“刚兑”要求，因此在资产端的信贷投放和资产配置上也偏好“刚兑”资产，而这类“刚兑”资产或者要有高信用（比如政府信用、国企信用）的背书或者要有高质量的抵押（比如房地产、固定资产投资）。这也就导致了商业银行的间接融资和信贷投放天然厌恶风险、厌恶不确定性——特别是那些在获取“刚兑”资产上有优势的国有大型银行，他们无论是在主观上还是在客观上都没有激励去支持企业进行周期长、不确定性大的创新研发项目。当整个社会大部分的金融资源通过商业银行体系配给到国有企业、政府基建和房地产等具有“刚兑”属性的资产上时，企业的研发创新活动便难以为继，而微观企业的研发和创新才是带动地区和企业转型升级和高质量发展的源泉和动力。可见，融资结构的失衡会导致金融资源的错配，金融资源的错配又会导致整个经济社会创新动力的不足。因此，中国的供给侧改革首先要推进金融供给侧改革，积极引导金融机构服务实体经济，缓解民营企业和中小微企业的融资约束，推动金融部门由偏好“刚兑”的间接融资为主向更具“企业家精神”的直接融资转化，引导激励金融部门支持微观企业主体的研发创新和转型升级，推动中国金融和实体经济高质量发展。

另外，我们也要防止金融资源错配对实体经济和企业创新的负面影响。作为企业创新活动的基础投入要素，合理的信贷资源供给能够促进企业的创新活动，但信贷资源供给的结构性失衡也会给企业的创新活动带来负面效应，可能诱发企业“过度负债”和“过度投资”，进而抑制企业的研发投入。金融管理部门应该重视这一问题。在坚持企业负债端去杠杆的同时，也应该从金融供给端入手，推进科学合理的银行网点批设和金融资源布局，发挥金融体系优化资源配置的积极作用，防止金融资源错配、金融资源过剩对实体经济产生负面影响。此外，金融监管部门也要优化银行网点布局，引导各类型银行提升服务实体经济质效，支持企业创新转型和地区经济高质量发展。一方面，我们在优化银行分支机构合理布局的同时，坚决制止银行网点的扎堆设立和无序扩张，防止过多的网点机构在部分区域或个别企业周边出现扎堆的情况；另一方面，股份制银行和地方性中小银行分支机构的信贷投放更具“企业家精神”，能够显著地促进企业的创新活动。我们在进一步优化股份制银行和地方性中小银行网点布局以及坚持差异化市场定位的同时，也要积极引导国有大型银行降低“刚兑”资产偏好，适当提升风险偏好和不良资产容忍度，不断提升服务实体经济质效，积极支持企业的研发创新活动，助力企业转型升级和地区经济高质量发展。

（作者为厦门大学经济学院教授、博士生导师）

“丁仲礼之问”以外的追问

——碳排放“国别责任”测度的经济统计学理剖析

邱　东

一

“丁仲礼之问”是指丁仲礼院士在2010年与柴静对话时提出的一个基本问题：“中国人是不是人？”以此命名并不是无事生非，美国政客历来信誓旦旦地高喊“人人生而平等”，然而他们言行之间的“离差”太大，所以需要外族人追问的是，其中的“人人”（all man）是否包括美国白人以外的人？

该问题的经济统计学背景是，在碳排放“国别责任”的确定上，到底采用什么样的指标才是客观和公正的？“指标选用”的差别非常微妙，故而需要提醒公众：在诸多社会事项的测度上，国际组织和强国都特别喜欢用“人均指标”，可是到了碳排放这种全球大事，却一直采用“总量指标”。

然而，这种指标选用的结果是，中国这十多年来一直高居碳排放大国的榜首，“客观”数据的时间序列摆在那里，似乎铁证昭昭。也正是基于这一点，美国前副总统来中国“商谈”之前就做出了“裁决”：中国的碳排放行动“还不够好”。须知，中国率先在全球做出了“碳达峰”和“碳中和”的期限承诺，怎么还不够好？国人心里发虚的一点是，的确我们这些年的碳排放总量过多。

如今的经济学研究都喜欢搞计量，环保计量又成了热门课题，研究紧贴前沿当然没有错，而最大的毛病是拿现成数据就算，开篇论述其选题意义时先照搬一个定论：中国是全球碳排放第一大国。我对此的追问是，何以见得？既是论文，难道不得研判和深究吗？否则还叫什么研究呢？全球数据都公布多年了，你怎么还持“似乎”论？盯住所谓“定论”不放的关键在于，这不仅仅是经济测度的指标选用问题，还不可避免地涉及国际政治和全球可持续发展的大背景。事物本身时空多元、因素交织，故而大有学问可做。如果切实采用多维视角加以观察和测度，充分发挥经济统计的“政治算术”作用，那么对同一问题的看法可能大相径庭。同时反观这个测度“逻辑挖掘”过程，超越忽略“较质”的所谓“数据挖掘”，它本身也深刻表明，经济统计的学理思考不可或缺，对“国势研判”和国际战略博弈具有基础性作用。

二

从不同指标选用的效果看，“丁仲礼之问”非常必要，因为一旦采用“人均碳排放”指标，中国在全球的责任位次就降到了十名开外，而美国则移至榜首，按照这个人均指标所表明的另一种事实，同样非常客观，甚至更为客观，美国就不能总是甩锅，而应该在全球碳排放问题上承担更大的责任。

对这两种看上去都非常简单的指标，应该选用哪个作为确定碳排放“国别责任”的标准？丁院士诘问的倾向非常明确。我们还需了解的一种测算结果是，当初如果真的认同欧美提出的全球环境治理方案，到 2020 年中国就需要每年拿出上万亿美元去购买所谓“碳排放权”。如果我们没有经济统计意识，不知道指标选择后面的政治背景，误把隐含政治倾向的指标当作客观事实或者国际标准，误把“政治算术”简化为抽象的“算术”，那么后果不堪设想。

为什么“人均指标”比“总量指标”在确定碳排放“国别责任”上更优？

人为的碳排放产生于社会生产和消费过程之中，客观上，人类生存本身就伴随着碳排放过程，甚至可以说，排放碳也是人类生存权的一个组成因素。基于人作为“碳排放主体”的视角，人口多，客观上就势必会产生更多的碳排放。纳新吐故，天经地义。

不同国家的生产和消费水平不同，人口不同，其碳排放水平也不同，在这个社会背景下，过分强调“总量指标”，等于忽略了人口大国本应有的生存权利，而把“人均指标”纳入人口因素，则可以更准确地标示出一国的真实碳排放水平及其相应责任。可见，如果国际组织和强国切实地实施“人人生而平等”的理念，那么就应该参照人均指标来判定碳排放的“国别责任”。

有一些社会经济指标，貌似客观，貌似公正，实则可能隐含了巨大的测度陷阱，所以我们需要当心。国人应该像丁院士学习，把指标背后的计算机理搞清楚，不然就容易在国际博弈中吃亏上当，甚至遭受无妄之灾。

当然，指标并不止于总量指标和人均指标，或许还存在更利于揭示事实真相的其他指标，所以，在“丁仲礼之问”以外还需要再追问。

三

探究碳排放“国别责任”的真实测度，还是应该坚持“问题导向”。

发达国家常常抱怨发展中国家污染环境，对“地球村”造成了莫大的伤害，似乎后发国就是不文明。比如，日本曾经抱怨中国东北的工业粉尘飘过去，破坏了其原本清洁的环境。人家还专门做了科学研究，用数据证明了这一种事实。

然而不能以偏概全，坐在环境破坏“被告席”上的只是发展中国家吗？发达国家真的那么高贵，与全球环境污染无涉吗？只有多维度地深入剖析，事实的其他方面，乃至事实的整体，才能充分暴露出来。

众所周知，发展中国家为了经济增长需要吸引外资，但发达国家投资往往采用输出生产线的方式，而这些生产线笃定不是高端的、不是用来生产核心零部件的，甚至相反，往往是“非清洁”的，所投的资金很可能在环保意义上也是“脏钱”。

遗憾的是，人类总体上还不能仅仅靠“清洁生产”过活，这就产生了“非清洁生产”的布局问题。究竟应该将其放在地球上的哪个区域？更为遗憾的是，这种布局往往由跨国垄断资本主导。发展中国家即便勉强挤进全球生产链，其“链位”（chain position）往往处于整个链条的低端，如果足够努力，或许有局部从事“中端生产”的可能，但核心产品和零部件的生产，则往往由发达国家高度垄断。

也就是说，从全球产业布局看，发展中国家所从事的就是碳排放多的“粗活”，此乃现代以来的国际社会分工所致，所谓市场竞争的压力所致，并不是穷国“偏好”那些脏活累活，并不是穷人对环境污染无动于衷，实在是市场的偏态分布作祟，把穷国穷人挤压在非常逼仄的窘境。

特别明显的一个例子，就是美国从他国进口优质普通钢，加入稀有元素后形成特种钢，高价出口到全世界。他们赚大钱并不用从澳大利亚进口铁矿石，先炼铁再炼钢，然后再生产特种钢。前面那些生产阶段过于低端，碳排放也多，而“正好”有许多外国企业愿意替他们承担。就增加值更多的特种钢生产而言，多数国家却没有那个生产能力。需要特别强调的是，这种产业“垂直型”布局意味着，当美国从外国进口普通钢的时候，他们实质上向国外输出了碳排放，生产过程本应包含的环境责任已经悄然转嫁出去了。

不仅是“非清洁生产线”的转移，发达国家还向穷国输出垃圾，而不是自己处理产生的污染物，真是他们标榜的“费厄泼赖”（fair-play）。中国 2018 年开始停止进口洋垃圾，韩国垃圾一时“走投无路”，欧洲贵族们便纷纷声讨中国失责。

再者，即便他们大量地使用清洁能源，例如进口太阳能设备，也并没有将生产该类设备时势必产生的废料（严重污染物）一并带走，一向以人道主义卫士自居的发达国家，难道真的可以对此心安理得吗？

笔者 2008 年提出“烤乳猪隐喻”：贵族有钱可以在豪华餐厅享用烤乳猪，但是没有资格指责厨师残忍，没有资格埋怨餐馆耗用的猪肉等“食材”过多，也没有资格声称后厨的环境不如餐厅整洁。

较起真来，发达国家出面来提倡环境保护，其实是一件比较滑稽的事情。资本家把国际交易的弱国收益压得那么低，还要弱国承担那么重的社会责任，这是要剪几遍“羊毛”呢？典型的如中国的鞋工厂，加工一双名牌鞋何等辛苦，却挣不到两美元。苦苦挣扎在所谓“微笑曲线”的最低端，而西方政客却反过来指责我们对环保投入过少。

试问，联合国等国际组织能不能发布禁令，不准许富国出口垃圾？如果富国输出非清洁生产线，是否应该同时向“被转嫁国”提供碳排放补贴？消费国享用清洁能源设备时，是否应该同时为设备生产国提供环保补贴？全球环保谈判，是否应该把这三个基本问题先解决了，再建立所谓的碳排放交易机制？

四

“污染发生国”和“污染最终责任国”，本来是两个截然不同的概念，不加区分，怎么可能公平地确定碳排放的“国别责任”？相对应地分析资源消耗问题，在全球生产链的不同“链位”上，“名义资源消耗量”与“实际资源消耗量”两个指标也有相当大的区别，不同国家的进出口结构不同，使得其在资源消耗和环境污染两个基本方面的实际责任被名义数值掩盖。2007 年初，笔者和北京师范大学陈梦根教授在《统计研究》发表了《中国不应在资源消耗问题上过于自责——基于“资源消耗层级论”的思考》一文，对这个问题做了比较系统的分析。

只有把全球这种资源和环保责任不平等交易的现象挖掘出来，经济统计的测度功能才得以真正发挥：如何使用新的统计指标对之做出比总量指标或人均指标更为准确的估计？

如果循着“谁消费谁担责”的思路，可以设计“单位最终使用额碳排放量”指标，这个指标与人均指标的思路比较接近。一个典型的例子是，地球人都喜欢穿牛仔，可其染色工序却集中在中国广东的某个小镇，该项污染的责任是否应该分摊出去？

如果循着“谁生产谁排放”的思路，还可以设计“单位制造业增加值碳排放量”指标。江西财经大学郭同济博士（笔者的科研助理）测算了世界主要国家的这个指标，中国的排名也是落在十名之外，与按总量测度碳排放的结果差异很大，而与碳排放人均指标的排名比较接近。这里需要当心一个测度陷阱，如果采用“单位 GDP 碳排放量”，就减少了发达国家的环境责任，因为它们以第三产业为主，而该产业运行无须那么多的碳排放。

此外还有能源利用效率的测度，也与碳排放“国别责任”的测度密切相关。单从数值上看，发达国家的能源利用效率比较高，这是他们指责发展中国家的一个重要理由，但对这个指标的数值也需要深入分析。首先，中国等新兴国家在能源利用效率上提升较快。其次，在同样的人均 GDP 水平上，新兴国家的能源利用效率并不低。尤其重要的是对该指标进行构成分析：能源利用效率是比率指标，除了能源消耗多少这一面，还有应该如何测度产出的另一面。发达国家所谓能源利用效率高，未必全部基于其先进技术，或许部分出自其产出测度的高估陷阱。

英国独立学者斯密斯 2012 年提出了对“GDP 幻觉”的深刻认识：所谓产出对发达国家而言，究竟是“增加值”（value added），还是“获取值”（value capture）？斯密斯先生用苹果手机、衬衫和咖啡三种典型产品，就生产收益在品牌国和加工国间的分配状况做了独到且详尽的分析，尤其值得国人仔细斟酌。

应该看到，近年来国内外有些研究注意到了碳排放“国别责任”测度中的这些问题，已经有了一些具体课题的测度，初步揭示了一些真相。但缺陷在于，国内外都还缺少对此的系统研究，还无法形成足够大的声音，以促进选用真正能够反映碳排放“国别责任”的指标，从而难以抵御全球环保治理中的误判风险。

五

对社会经济指标，往往存在“照搬国际标准即可”的求同意识。特别是后发国的部分知识精英，很容易忘记自己的国家身份，只记得与发达国家的合作，忽略了其中应该力争的本国利益。

发达国家之所谓“发达”，一个重要特征在于他们的“软实力”和“巧实力”，他们以秩序、规则等为口号，往往得以悄然实现其国家利益，这便是其实力“巧”之所在。如果我们看不穿国际标准和流行做法背后隐藏的私货，真以为“天下大同”已然来临，那就可能面临被“环保竞赛”拖累发展的巨大风险。

国家是社会测度基本单位，应该强化这种经济统计意识。瓦尔登湖畔再优美，即便免费，绝大多数人也不可能在那里独居一生，事实上，亨利·戴维·梭罗也只在那里生活了两年多。人笃定是社会之人，从而需要家庭，需要社区，需要国家等空间单位，从而有了不同层级群体之间的博弈，虽然有合作，但也有且更有竞争。

放眼全球500年，国家是一个基本的利益单位，因而也就应该是基本的经济测度单位。既为博弈，我们就不能被指标披露的某种表面现象迷惑。所谓统计指标，未必指其“当指之向”，也未必标其“当标之处”。

市场经济中，不同国家不同经济主体的地位不同，有的是“价格决定者”（price maker），有的是“价格接受者”（price taker），只有很少的价格（或其涨落幅度）由大家共同制定。社会现实相当残酷，没有那么公平的市场经济，没有那么多“价格共同决定者”（price co-maker），想一想在自由市场里，我们讨价还价的余地能有多大？

与此类似，国际标准多由强者制定，新兴国家与发达国家的矛盾，往往就是出于由来已久的恃强凌弱。经济学教科书所言的国际关系往往失之于抽象，只有真材实料的经济史，特别是发达国家当年崛起的历史，强国之间互相博弈的历史，才会让我们对国际标准产生真实的认知。

其中需要注意的是，社会经济指标，往往是国家间竞争的工具。不同格局、不同立场、不同视角，主张选用的指标不同，对指标数值的解读不同，指标数值确定对不同国家的影响也不同。正是由于这些不同，人类才需要“国势学”，需要“政治算术”（定量的国势学），需要深入地研究社会经济统计指标。而后来者，每每处于“被确定”的“不得不”的地位，对这种专业认知的需要就更为迫切了。

（作者为江西财经大学讲席教授）

中国近代镑亏的成因及影响

兰日旭 吴 轩

2021年3月以来，人民币呈现出持续升值趋势，到5月，人民币对美元汇率已经突破6.3元，引发社会各界高度关注。国务院金融稳定发展委员会、中国人民银行、全国外汇市场自律机制第七次工作会议先后对人民币升值发声，维护人民币汇率稳定。人民币汇率升值在短期内是否会导致大规模“热钱”的流入，对中国资本市场产生冲击，是引发人们关注的焦点之一。近代中国因货币制度的不完整，在对外赔款中出现的镑亏问题，曾导致了短期内大规模的资本流动，对资本市场产生了诸多影响和冲击，这可以为当前情形提供某些有益的镜鉴。

镑亏的含义及产生

对于镑亏的定义，学术界仍然存在很大的争议。一般而言，镑亏可以界定为各项按外币单位所订借款，其逐年偿付的本息银数在银价不断跌落下，总比按订借年份平均汇价所应偿付多而形成的“亏”。因当年外债多以英镑为计量单位，这种“亏”被称作“镑亏”。镑亏伴随外债而起，早在1874年汇丰银行向台湾海防大臣沈葆桢贷出“福建台防借款”时，就已出现镑亏。在甲午战争前，因借款不多，且期限不长，镑亏现象并不严重。镑亏问题最终被全国关注，则是因为在庚子赔款中产生了800万两巨额亏损。此处，也是以庚子赔款所产生的镑亏为例说明其产生的原因和影响。

1900年，德、法、俄、英、美、日、意、奥组成的八国联军以保护领事馆，打压义和团运动为由，于当年8月14日攻入北京，清政府仓皇逃往山西。北京陷落后，八国联军召开会议商讨惩罚清政府方略，清政府为避免灭亡，急派李鸿章和奕劻为全权大臣主持议和。遵照慈禧太后“量中华之物力，结与国之欢心”的要求，1901 年 9 月 7 日，清政府和德、法等 11 个国家签订了丧权辱国的《辛丑条约》。条约第六款约定赔偿总额为 4.5 亿海关两，年息 4 厘，偿还期自 1902 年至 1940 年，并且不允许提前偿还，本息合计高达 9.8 亿两海关银，史称“庚子赔款”。庚子赔款数额巨大，超出了清政府立即偿还的能力。按照条约，庚子赔款本息在 1902—1940 年摊付，由于情况变化，直到 1947 年才完全停止偿付。因此，此赔款事实上已经转化成清政府的长期债务。《辛丑条约》规定庚子赔款利息为半年付 1 次，首次付款日期为 1902 年 7 月 1 日；本金一年付 1 次，初次付款时间是 1903 年 1 月 1 日。为了按时偿付，国库空虚的清政府要求各省摊付，1902 年至 1911 年，庚子赔款的偿付均为地方和中央共同负担。地方政府每年摊付 1880 万海关两，剩余款项由清朝海关总税务司署补齐，所有款项汇解上海道摊还，上海道将每月约 180 余万两海关银交付庚子赔款各关系国银行委员会（简称“赔款银行委员会”，有时也称“银行公会”）。1902 年 1 月，清政府付款之际，对条约规定产生疑惑，“此四百五十兆系照海关银两市价易为金款，此市价按诸国各金钱之价易金如左：海关银一两，即德国三马克零五五……，此四百五十兆按年息四厘，正本由中国分三十九年，按后附之表各章付清（附件十三）”。这里金款是指各个关系国法币，例如，英国就是英镑，德国即为马克。本息用金付给或按应还日期之市价易金付给，条约中规定的兑换比率是按照 1901 年 4 月 1 日汇率制定，那么还款时是按照 1901 年 4 月 1 日的汇率，还是按照还款日当天的汇率？因为还款日当天的汇率很可能不同于 1901 年 4 月 1 日的汇率。外务部询问赫德，是按照哪一种汇率付款。赫德回复：“赔款原非银数，乃系以金核计……约内所开四月初一之数，不过是系一式样，并非确数。”汇率虽然变动，但是金款数额不变。然而，两江总督刘坤一根据条约规定认为还款应是银款，双方就还款为金款还是银款展开长达三年的争执。

进入 19 世纪，白银在大多数国家已成为普通商品，世界白银价格不断下跌，此时还款是金款还是银款影响巨大。清政府之所以认为是还银款，理由有三：首先，条约给出的是赔付总额 4.5 亿海关银，虽然列出了兑换汇率，但是并没有折算出外币偿付额，说明是以银两为总基数。其次，至于各个列强之间如何分配，并未在条约中列明，附件在年偿付表中只列出了银数，没有列出金数，说明是以银款为基础折算为各相关国家货币。最后，条文中规定，对本息用金付款没有异议，但按照条款，中国还款时是按照1901年4月1日还是还款当天汇价应该由中国自行选择，如果是赔偿金款，就没有必要多此一举。另外，1902—1904年，庚子赔款每年付款额约为2100万海关两，后期逐渐增加。依此计算，清政府每年还清各种外债至少需要4000两白银，已占甲午战争时期财政收入的一半。还金如果成为事实，在国际银价不断下跌的趋势下，意味着清政府可能每年额外承担几百万两白银损失，这对临近崩溃的清政府财政体系而言无疑是个巨大挑战，因此清政府对还银款态度坚定。

列强的态度可以分为两派，美国担心清政府"破产"不利于国际贸易，认同条约是以银款为基础的。但在1904年11月，清政府被迫承诺还金款后，美国态度改变，其国务卿海约翰（John Milton Hay）对驻美大使梁诚表示"应一律还金，否则国会将责难"，经梁诚交涉后，又表示"允转商总统，将来核减赔款"，这才有了后期美国庚子退款之举。英、法等国坚持认为应还金款，他们认为按照条约中已载明1901年4月1日兑换比率，将银款总额兑换为英镑总额非常容易，况且银价下降的损失不应由他们承受。从责任上讲，条文约定不明确，损失理应由受赔偿国家承受。自知理亏，列强在还金款的基础上提出不同的解决方案，但都没有获得一致认同。

所提各项办法均难以施行，各关系国转而使用威吓手段。1905年7月2日，在英、法等国准备再次占领天津的恫吓下，清政府外务部与列强签订《关于以金价偿付庚子赔款的协定》（简称《庚子赔款协定》），用换文方式确认了庚子赔款为金款，并且偿付1905年之前庚子赔款镑亏，总计800万海关两。由于国力衰竭，清政府只好向汇丰银行借款100万英镑（合银676.06万两）补偿亏欠，史称"镑亏借款"。100万英镑在总理衙门借款中并非巨额，然而此借款还款期限长达20年，从侧面反映了晚清财政支绌。庚子赔款镑亏虽然以800万两付清，但它仅仅是1902—1904年的镑亏额，近代中国制度性因素造成的镑亏问题则一直存在。

镑亏问题产生的原因

镑亏问题的产生，大致有两方面的因素。

一方面，近代中国是不完整的货币主权。明朝中期中国货币制度逐步定位为银钱本位制，至清朝时期，其成为白银核心型货币制度，以白银作为本国货币，直到1935年国民政府施行法币改革。中国产银量很小，绝大部分白银都从国外进口。20世纪30年代以前，中国白银为自由流动，中国独特的货币制度造成清政府无法控制白银货币供给量，货币供给在很大程度上由国际经济和政治因素决定，因此19世纪中国的外汇控制权落在外国银行手中。与此相反，西方列强在20世纪之前，全面采用了金本位制，将本国货币与黄金挂钩。1926年，印度改革货币制度，采用金本位制度后，用银大国就只剩下中国了。由于国外金本位制是将货币与黄金挂钩，所以近代中国白银与国外货币的比价，实质上就是金银比价。

鸦片战争之前，闭关自守的状况导致了17、18世纪中国市场的金银比价完全不同于世界金银比价，中国的金银比价远远低于世界市场上的金银比价。到18世纪中叶后，随着中国与欧洲接触日益频繁，双方金价才渐趋一致。至19世纪，尤其是鸦片战争后，中国的金银比价就转向以伦敦为标准了。由于中西货币制度的差异，在世界金银比价下跌时，以外币还款为基础的外债就不可避免地出现镑亏现象。

另一方面，庚子赔款镑亏与汇率操纵及赔款银行委员会的人为操纵密切相关。庚子赔款因涉及多国，为协调赔款事项，1901年5月，英政府提议设立收款委员会，由各关系国选派驻沪外国银行行长组成。所有中国政府拨交的款项，由赔款银行委员会代表各关系国接受。清政府每月月底按照赔付表计算出月平均额，将款项交予赔款银行委员会收存，赔款银行委员会将每期清单交给江海关道。在清单上，该银行委员会载明换算汇率，这里的汇率根据还款日前一天外汇牌价确定，与实际汇率多有不符。在19世纪80年代的上海金融市场，“汇丰银行每晨九时半公布各外汇市价，全埠即据之为汇价标准”，汇丰等银行利用其控制上海外汇市场的特权，在赔款日故意抬高镑价，以额外榨取中国偿款。还金还银争执从开始到结束，即1902—1904年，把每届还款汇率与实际汇率进行比较可知，赔款银行委员会的报价比上海道查询的市场汇率，平均1关平两要低0.83便士，这无形中提高了英镑价格。按照还金款，清政府换算成英镑所需白银量自然增加，中国政府吃亏不少。除此之外，赔款银行委员会还可以更改镑亏入账单位，以达到利益最大化，而增加镑亏数额。如果还款是金款，就应该以英镑为记账单位，不再变更，但赔款银行委员会却权衡利弊后再决定入账单位。例如，

1902 年 12 月欠款按照当时汇价 1 关平两合 2 先令 1. 5 便士计算，将欠款以规平两入账。等到了 1904 年 6 月 30 日重新核算欠款时，此时汇率为 1 关平两合 2 先令 5. 62 便士，该委员会将欠款按照 1904 年 6 月 30 日的汇率转换为英镑，而不是按照 1902 年 12 月的汇率，通过这种转换每 1 规平两多付 4. 12 便士，由此增加了镑亏数额，损害了中国政府的利益。当然，随着“庚子赔款协定”的签订，人为操纵引致镑亏的问题逐步被消除。

镑亏问题的影响

镑亏问题给中国近代社会带来了方方面面的影响，在短期，未预期到的巨额镑亏数额的偿付直接影响了近代中国资金借贷市场，包括银钱比价和银拆市场，具体结果是推高了晚清银钱比价，加剧了银拆市场动荡；从长期来看，镑亏问题影响了社会经济，刺激了中国近代高等教育的发展，甚至成为近代中国币制改革的重要原因。

1902—1908 年，大量的白银流出中国，同时，贸易逆差增加，出现“双逆差”现象。在 1905 年，“双逆差”总额甚至超过 2 亿海关两，而此时，清政府还需要每年偿还的庚子赔款达 2100 万两。突然而来的镑亏，又导致每年多付 200 万海关两，占庚子赔款年还款总额的 9. 5% 。巨额的赔款和镑亏损失，更是加重了白银外流，导致国内白银价格上升，银钱比价增高。

银拆肇始于钱庄，是金融业相互间的拆借利率，在南京国民政府对金融市场实施统制前，是上海金融市场的基准利率。庚子赔款前期付款额约为 2100 万海关两，东三省外 19 省份摊派额约为 1880 万两，剩余部分由总税务司署补齐。各省解付庚子赔款及镑亏的基本程序是在每月还款前，各省份通过银号、票号、钱庄等渠道汇款至上海道。如此大量的汇款集中在上海，每至月末需要通过钱庄兑换成白银，造成上海金融市场资金头寸紧张。根据《申报》上记载的每日银拆数据可以观察到，在还金还银之争时，镑亏数额的不确定性，对银拆市场造成冲击，月末银拆有明显上升，并在 1901—1905 年形成“周期性”波动。1905 年 7 月 2 号签订协议后，还款金额就变成相对可预期，银拆市场波动性明显变小。

当然，在还金还银争执时，美国的态度由支持还银，进而变成支持还金款。后梁诚不断交涉，才引出了美国对庚子赔款的退还。1908 年 5 月 25 日，美国总统罗斯福签署了退还部分庚款法案。美国共两次退款，第一次主要用于留美学生以及兴办北京清华学堂（清华大学前身）。第二次用于发展教育文化，支持中国的文化发展事业。其他国家看到美国退款后，纷纷效仿，并且退还款项以支持文化教育事业为主。英国退款，在甘肃兰州成立甘肃科教馆；在酒泉创办河西中学；在少数民族地区成立拉卜楞民众教育馆等；设立“庚子赔款”奖学金资助山西大学堂留英学生等。庚子赔款退款投入教育事业，使中国走上了发展近代教育的道路，学成归来的留学生也成为中国近代教育的先导。

庚子赔款巨额镑亏引起时人的广泛讨论，引发了关于币制改革与本位问题的激烈争论。胡燏棻在1895年的变法自强折中最早提出币制改革，而此时与之有关的讨论并不多。在庚子赔款镑亏出现后，报刊有关西方国家货币制度的讨论猛然增加，1903年就有6篇关于货币制度中本位制介绍的报道。据不完全统计，1903—1911年约有27篇相关讨论在报刊发表。中国的币制问题也引起外国人的关注，比如赫德提出《中国银价确定金价论》，精琪提出金汇兑本位制改革方案。镑亏引起了晚清朝野的激烈争论，最终1910年，清政府通过《币制则例》，确定改革币制方案。镑亏导致的讨论，一直持续到民国，最终促进了近代中国货币制度的改革和完善。

庚子赔款镑亏虽然是近代中国历史上特定制度下的偶然产物，但其影响涉及多方面，仍有一定的现实镜鉴作用。当前，我国虽然已经建立了独立完整的人民币制度并形成了相对完善的货币市场体制，但仍需监管部门不断提高制度化建设，做好相关准备，提高监管水平，预防大规模资本外流引致负面影响。

（作者兰日旭为中央财经大学经济学院教授，吴轩为中央财经大学经济学院博士研究生）

清代旅蒙商号羊倌、马倌的捎脚现象及其对现代人力资源管理实践的启示

郑志刚

清代旅蒙商号雇佣的员工大致可以分为两类。一类是从小入号，从学徒做起，未来有望拿身股、顶生意，甚至成为掌柜的伙计。这些伙计大多来自这些旅蒙商号财东所在的府南一带（今山西省祁县太谷平遥榆次文水等地，因位于清代太原府的南部，被称为府南）。在一些商号，学徒入号后需在号内学满十年才可第一次回家。这些伙计不仅每月获得收入不菲的薪资，享受令外人称羡不已的伙食待遇，还有未来顶生意、成为掌柜的机会。清代府南普通家庭由于子弟任职旅蒙商号的伙计而过上了富足小康生活的比比皆是。清代旅蒙商号对伙计的激励充分不言而喻。《旅蒙商大盛魁》（内蒙古文史资料第十二辑）一书提供的相关统计数据表明，学徒出身、同乡身份的伙计在大盛魁后期总数超过一千五百人，其中顶生意的掌柜九十多人，共享三十多个身股。

除了学徒出身、同乡身份的伙计，清代旅蒙商号业务开展还需要雇佣的另一类员工是各种手工作坊的工匠和饲养放牧牲畜的牧民等临时雇佣人员。特别地，他们需要大量雇佣帮助他们完成“走（羊或马）房子”这一旅蒙商号核心业务的赶运羊马的羊倌、马倌。同样据《旅蒙商大盛魁》（内蒙古文史资料第十二辑）一书提供的相关统计数据，仅大盛魁一家商号在后期每年由乌里雅苏台前营和科布多后营向归化城（今内蒙古呼和浩特）赶运羊马多达二十万只，而每年临时雇佣人员则多达5000人。

旅蒙商号对于赶脚羊倌马倌的雇佣往往具有季节性。例如，大盛魁在每年农

历三月初从归化城派出约七到十顶领羊的房子（所谓“羊房子”），派出约三到五顶领马的房子（所谓“马房子”），前往乌里雅苏台前营和科布多后营。这些羊马房子完成在蒙地走“货房子”的前后营当地分庄补充货源的任务后，需要在农历七月前后把当地分庄通过赊销货物和放印票账从蒙地牧民收回的羊马，赶回归化城附近。其中，需要把羊赶到大盛魁在召河的养羊专用牧场，而需要将马赶到大盛魁在百灵地的养马专用牧场。这些三月初从归化城出发，七月前后赶回归化城的羊马被称为“热羊”和“热马”，主要用于当地临近市场中秋时节的销售。除了热羊和热马，大盛魁还会在每年农历四五月再向前后营派五到八顶羊房子和一定数量的马房子。这些大约在农历十月以后才能被赶回归化城的羊马被称为“冬羊”和“冬马”。这些冬羊和冬马将分别在召河的养羊专用牧场和在百灵地的养马专用牧场被放牧到第二年的六七月间，等膘肥体壮后再被出售。召河的羊由京羊庄转卖到北京、山西、河北、天津等地，而百灵地的马则由马客贩卖到山西、河南、山东、湖北等地。

旅蒙商号每一顶羊马房子从归化城出发时往往需要一百到一百五十峰骆驼来驼运茶烟等货物和路上需要消耗的米面、帐篷、锅灶等。而在返回归化城时，每顶羊房子赶羊在一万五千只左右，分成十几群，每群一千多只，两位羊倌负责赶一群；每顶马房子赶马在一千五百匹马左右，有时分成两群，每群七百多匹马，配十二位马倌。在组成一顶羊房子或马房子中所需四十余人的队伍中，除了领房掌柜，其余大量赶羊的羊倌和赶马的马倌，“做饭的”（厨师和伙夫）和“下夜的”（负责夜间警卫）均为季节性临时雇佣人员。

这些羊马房子在往返归化城与前后营的路上，途经草原、沙漠、戈壁和山地，不仅自然环境恶劣，路途遥远，而且险象环生，时遇盗匪，可谓历经千难万险。尽管如此，旅蒙商号依然希望这些羊马房子保证所赶运的羊马不掉队、少死亡，甚至马匹毛色“光亮洒脱”。这就要求这些负责赶脚的羊倌和马倌具有十分高超的赶运技术和特别丰富的处变经验。事实上，被这些旅蒙商号选中的羊倌和马倌往往都是所谓的“门里出身”，特殊的操控羊马技能和独到的处理危机能力往往是父子、师徒相传。那么，与商号伙计优厚的薪酬福利待遇相比，清代旅蒙商号是如何激励这些属于临时雇佣性质、工资相对低廉但同时技艺高超的羊倌马倌愿意努力为商号工作呢？

我们注意到，这些旅蒙商号允许这些走房子的羊倌和马倌在前往前后营时自备一部分紧俏的货物到蒙地贩卖；而在赶着牛羊回归化城时允许这些羊倌和马倌以低的价格买一些羊和马，到内地贩卖。旅蒙商号则向这些羊倌和马倌提前预支四个月的薪资，而这些薪资成为他们从事上述捎脚活动的主要本钱之一。事实上，不仅在往返归化城和前后营走房子时，旅蒙商号会允许所雇佣的羊倌马倌捎脚，就连那些从这些商号接手羊马的羊客、马客，受到旅蒙商号这一通行做法的影响，也会同意受雇为他们赶运羊马的那些羊倌和马倌捎脚。例如马客会允许马倌自带“捎马”几匹，到交易目的地的骡马大会上自行出售。我们看到，允许这些薪资微薄的羊倌和马倌捎脚事实上成为他们面对塞外的严寒酷暑、盗匪从生，依然愿意受雇于旅蒙商号，不辞辛劳、努力工作的重要激励。

值得注意的是，羊倌、马倌的捎脚行为显然违反了现代职业经理人制度中十分重要的诚信责任中的“忠诚义务”。在现代股份公司中，一边受雇于股东，拿股东支付的薪酬，一边为自己干私活是受到法律严格禁止的。从理论上讲，我们并不能排除这些羊倌、马倌在走房子过程中假公济私的道德风险行为，使雇主旅蒙商号的利益受到损害的可能性。例如，面对“营路”（从归化城前往前后营的道路简称）上水资源和牧草资源的稀缺，这些羊倌马倌可以使自己捎脚的羊马优先享用，不惜以商号的羊马羸瘦不堪为代价，换来自己的羊肥马壮；甚至把自己捎脚的羊马丢失死亡等意外事故“转嫁”到商号的羊马，使自己捎脚的羊马“旱涝保收”。那么，精明的旅蒙商号为什么会允许临时雇佣的羊倌、马倌捎脚，“干私活”呢？

第一，旅蒙商号清醒地意识到，对于伙计，可以通过身股的利益和同乡的感情，将其与商号紧紧联系在一起，而对于这些临时雇佣性质的羊倌和马倌，并不适合用严格的号规来约束他们。同样的号规，如果对于临时雇佣的羊倌和马倌没有起到应有的约束作用，反而会损害号规在伙计心目中的权威性和严肃性。例如，一些旅蒙商号号规明确规定，号内人员不得长支短欠，不得挪用号内财物。而对于临时雇佣性质的羊倌和马倌，则同意预支四个月的薪资。

第二，允许捎脚是对旅蒙商号所雇佣的羊倌马倌低薪资的一种补偿，构成他们愿意帮助旅蒙商号从事羊马赶运工作的一种隐性激励。这些季节性临时雇佣的羊倌和马倌所获得的薪资相对固定，而且较为低廉。曾经在清末为大盛魁赶马的赵瑞的访谈回忆（参见《大盛魁闻见录》，内蒙古人民出版社 2011 年版），赶脚的普通马倌在受雇期间每月工资为二两多银子，马头（负责管理马倌的头目）的工资为三到四两。而作为对照，在大盛魁入号头三年“当仆役来使用”的学徒，每月的薪资是一两银子。而在顶生意以后，即使是初顶生意只有几毫的伙计，面对三年账期每股稳定在九千九百两一股的分红，收入也是相当可观的。乃至于在当时流传着“大盛魁的一个经理每年的平均分红超过三个大盛魁总号所在地归化城最高行政长官归绥将军的年俸”的说法。

第三，允许羊倌马倌捎脚恰恰是旅蒙商号在商号与这些雇佣的羊倌、马倌之间建立的一种隐性的风险分担机制。营路往返一趟短则四个月，长则半年。一路上山高险阻，不仅要经历严寒酷暑、暴雪风沙各种恶劣天气，而且还不时遭遇车匪路霸、鸡鸣狗盗的人为滋事侵扰，羊马房子一路上遭遇的风险不可谓不多。面对自然灾害和血腥人为灾难的威胁和挑战，领房子的掌柜当然希望这些季节性临时雇佣的羊倌马倌在关键时候能够和自己一条心，而不是遇到灾难和事故一哄而散。用什么把这些羊倌马倌的心牢牢地系住呢？那就是属于羊倌、马倌自己的羊马。我们看到，旅蒙商号在洞察这些临时雇佣性质的羊倌、马倌的微妙复杂的心理上可谓十分精准。允许在走房子时捎脚、干私活由此成为旅蒙商号和这些临时雇佣的羊倌、马倌之间十分重要的隐性风险分担机制。

第四，买方市场竞争态势下受雇的羊倌、马倌出于对自身职业声誉的维护，自觉约束道德风险行为。每年从农历三月初，当旅蒙商号需要走房子时，这些羊倌马倌开始受雇。随着走房子任务的完成，他们的雇佣随之结束。对于其中表现良好的羊倌和马倌，旅蒙商号会为他们指定日期，让他们按期回号上工，来年继续雇佣；而对于其中一些表现一般的羊倌、马倌，则让他们“听信再来”，一定程度上意味着雇佣的终止。而一经解雇，这些羊倌、马倌以后再也不能继续受雇。乃至于在这些羊倌马倌中流传着“出号容易入号难，出去再来比登天”的说法。

更加糟糕的是，在一些旅蒙商号中还流行着这样的潜规则：一个因吸食鸦片等严重违反号规行为遭到解聘的雇佣人员，不仅无法再回到原来的商号，就连那些被称为“相与”的彼此有业务往来的商号也将不再雇佣他。这意味着对于羊倌、马倌来说，不管赶运技艺有多高超，一旦有不良诚信记录，他将受到主要商号们的集体惩罚。如此巨大的违约成本使得这些羊倌、马倌不仅形成了依靠祖传独门技艺赢得商号认同的传统，同时面对巨大的诱惑，能够安守本分，不产生非分之想。

我们看到，也许正是出于上述四个方面的考量，清代的旅蒙商号并未像经典的人力资源管理教科书强调的那样，去要求临时雇佣的走房子的羊倌和马倌严格履行职业经理人的忠诚义务，而是出人意料地允许他们在赶运商号的羊马的同时为自己捎脚，干私活。

十分有趣的是，类似的捎脚行为在俄国近代旅行家阿·马·波兹德涅耶夫（以下简称波氏）撰写的日记《蒙古及蒙古人》中却被认为是俄国在清代蒙地兴办的邮政业务发展失败的重要原因之一。在1861年中俄开始通商后，为了便于俄国商人在天津、张家口、库伦和恰克图之间及时传递商业信息，在俄国政府补贴下，相关邮件传递服务以分段承包给当地富有的蒙古人的方式建立起来。这些蒙古邮务承办人负责组织脚夫将上一站转来的邮件及时传递给下一站。

不知是否受到上述旅蒙商号允许捎脚的习俗的影响（并不能排除从旅蒙商号出号的牧民受雇成为邮务承办人所雇佣的脚夫的可能性），波氏观察到，这些邮务承办人和他们雇佣的脚夫“都已经习惯于利用我们的邮政来捎运自己的东西，还把这看作自己的合法权利”。波氏记录到，“每当我指出这种做法违反规章时，他们通常都这样回答，‘骆驼是我们的，我们想运什么就运什么’”。波氏对此愤怒地评论道，“很明显，从来也没有人告诫过他们，俄国政府出钱雇佣他们不单是为了运送邮件，还要他们把邮件及时送达，而捎带无关的东西使邮件变得沉重累赘，使邮件无法及时送达”。

我们看到，同样发生在清代蒙地，而且都与蓄力运输有关的赶脚行为，为什么旅蒙商号允许所雇佣的羊倌马倌捎脚，而在波氏的眼中，允许这些脚夫捎脚却为他们假公济私大开方便之门，带来“在恰克图和天津两地之间的交通仍旧是老样子”的结果呢？

通过上述两种捎脚场景典型特征的对比分析，也许我们可以在是否允许捎脚的问题上归纳出以下两条核心原则。其一是通过必要的监督，使具有隐性激励功能的捎脚行为并不构成对主要业务的核心功能的削弱，甚至伤害。在清代旅蒙商号掌柜的选拔中，领过羊马房子的经历是其需要满足的基本条件之一。这些领房的掌柜在走房子过程中一个重要的职责是监督这些所雇佣的羊倌、马倌的潜在“渎职”行为，确保所赶运的货物羊马安全送达指定地点。这些领房掌柜不仅对羊倌马倌捎脚的数量做出严格限制，而且在这些捎脚的羊马入群前仔细验看，“在这些羊倌、马倌自捎的羊马的脖子上挂着一个木牌”，以和旅蒙商号羊马房的羊马相区分。

作为对照，俄国邮务承办人和他雇佣的脚夫则缺乏必要的监督，肆无忌惮地捎脚，甚至认为“骆驼是我们的，我们想运什么就运什么”，这将不可避免地对邮政业务中“将邮件及时送达”这一核心功能造成损害。而在大盛魁等旅蒙商号中，这种行为是绝对不允许的。因为这样做，在损害旅蒙商号利益的同时，事实上也在损害享有身股的领房掌柜的利益。

从旅蒙商号允许所雇佣的羊倌马倌捎脚实践中，我们也许得到的重要启示之一是，在现代企业人力资源管理实践中，仅仅有“胡萝卜”的激励（允许所雇佣的羊倌、马倌捎脚干私活）是不够的，还需要“大棒”的监督（领房掌柜的监督），而且是来自能够分享到足够多的“胡萝卜”的激励充分的“大棒”的监督（这些掌柜顶身股）。

其二，通过允许捎脚在羊倌、马倌和旅蒙商号之间所建立的分担风险机制在商号收益成本的比较中处于特别突出的地位。旅蒙商号的羊马房子在路上始终面临着盗匪抢劫、贼偷行窃的巨大风险。在旅蒙商号的房子中，有一群特殊的成员，那就是体型巨大的被称为“巨獒”的蒙古犬。一顶羊房子往往要带二三十只巨獒。如同设立财股、身股和“财神股”一样，在大盛魁的伙计中流传着设立“狗股”的传说，以及“狗的数量超过一千唱戏庆祝”的传统。这些狗成为保护这些羊马房子营路安全的重要力量。在清末民初，因土匪盛行，旅蒙的商路不断遭到破坏。为了应对土匪频繁的侵扰，归绥商务会出面，从各商号的“铺勇”中抽调摊派，组成规模达一百五十人的保卫团，后来进一步将其扩编为由三个骑兵连组成的保商团。面对盗匪抢劫和自然灾害的频繁威胁，我们不难想象，羊马房子的全体成员众志成城、风险共担就变得十分重要。

相对于旅蒙商号羊马房子中价值不菲的羊马货物，俄国邮务承包人所传递的俄国商人邮件无论是单个价值，还是整体规模，都无法对盗匪形成足够的“吸引力”；更何况抢劫俄国的邮件容易引发外交干预，招致官兵的强力征剿，对于盗匪反而得不偿失。因而风险分担在俄国邮政服务提供中处于无足轻重的地位，并不像旅蒙商号走房子那样在成本收益分析中占据十分突出的地位。

由于在实践中清代旅蒙商号遵循了上述两项原则，而同时期的俄国邮政承包则公然违背上述原则，我们看到，同样的捎脚行为起到完全不一样的作用。在旅蒙商号中，看起来违反职业经理人忠诚义务的捎脚干私活行为却成为临时雇佣的羊倌、马倌的隐性激励和风险分担机制。这难道不是我们的企业在今天的人力资源管理实践中需要特别借鉴学习的地方吗?

（作者为中国人民大学财政金融学院教授）

科斯的经济学贡献和他的中国情怀

王玉霞

罗纳德·H. 科斯（Ronald H. Coase）——美国芝加哥大学教授、芝加哥经济学派代表人物之一，1991年诺贝尔经济学奖的获得者，新制度经济学和法律经济学的创始人。

一、科斯的经济学贡献

科斯是经济学界少有的只以两篇文章纵横天下的高人。两篇文章，两个丰碑，奠定了新制度经济学及法律经济学的基石。1937年，科斯发表了《企业的性质》这篇文章，时年26岁，构思这篇文章在1931年左右，那时他才20岁。《企业的性质》石破天惊的两问：企业为什么存在？企业的边界在哪？这两问引发了经济学界对制度问题的关注。科斯解释，企业存在是因为市场交易有成本，企业的存在节约了市场交易成本。当然企业内部也有组织协调成本，当企业内部组织协调成本较高时，市场配置资源有效率。企业的边界是市场交易成本等于企业组织协调成本。科斯的贡献不是成功地解释了企业为什么存在，而是提出了新古典经济学长期忽略的一个概念——交易成本。交易成本非零，制度才重要。有的制度交易成本高，有的制度交易成本低，制度变迁是从交易费用高的制度向交易费用低的制度演变。正是因为考虑交易费用，经济学才走向了真实世界。忽略交易费用，是黑板上的经济学。

1960年，科斯的第二个学术丰碑——《社会成本问题》发表于美国芝加哥大学的《法律经济学》。这篇文章的前身，是《联邦通讯委员会》。在这篇文章中，科斯研究的是美国无线电波。渔民出海打鱼用无线电波与家里联络。但是你使用的时候影响我，我使用时影响你，非常混乱。一般认为这是市场失灵的表现，需要政府管制，美国联邦通讯委员会正是管制的机构。科斯认为，市场混乱的原因是无线电波产权不清。谁都可以任意使用无线电波，必然会相互干扰。若将每个频道的无线电波产权明晰给个人，而没有频道又要使用的人可以通过市场租用，那么根据价高者得的原则，通过市场产权交易，完全可以有效率地配置这稀缺的资源。这篇文章被经济学界归纳为"科斯定理"。张五常讲，他读这篇文章时，久久不能入眠，连看不见、摸不着的无线电波都可以被界定为私产，这世界上还有什么不能被界定为私产呢？而产权明晰，交易费用不高，是市场交易的前提。科斯在这篇文章中，将存在外部性必须由政府管制的传统结论颠覆了。

《联邦通讯委员会》发表之前，还有一个经济学史上非常有名的大辩论。由于美国芝加哥大学的许多经济学高手反对科斯文章中的思想，因此芝加哥大学《法律经济学》杂志主编戴维德请科斯前去座谈。参加人有弗里德曼、斯蒂格勒、哈伯格等七八个经济学大师。辩论中科斯问道：假如一家工厂污染了邻居，政府应该不应该干预，在座所有的学者都同意政府应该干预。科斯却说，你们错了。接下来科斯与他们论战了三个小时，结果是科斯完胜。那一晚参与辩论的学者均感叹他们见证了历史。一个英国人战胜了整个芝加哥学派，是英国人的骄傲；而历来主张政府干预的伦敦经济学院与历来主张经济自由的芝加哥学派在辩论中角色刚好互换，也是一件趣闻。

《社会成本问题》是《联邦通讯委员会》的后续文章。《社会成本问题》开篇就提出了问题的相互性，甲侵害乙，乙是受害者；但不允许甲侵害乙，又侵害了甲。例如，允许吸烟侵害了不吸烟人的利益，而不允许吸烟又侵害了吸烟者的自由，如此看来，侵害是相互的，是难免的。允许社会成本最低的侵害出现，无疑是法律经济学的逻辑。

二、科斯的中国情怀

（一）科斯与五常教授

我对科斯的了解，除了来自他的著作，更多的是来自另一位经济学大师——张五常教授。我与张教授结识已经二十年，每每茶间饭后，听张教授谈他与几位经济学大师的故事，我们收获颇多。这其中谈的最多的就是科斯教授。在《我所知道的科斯》一文中，张教授写道：

"一九六七年秋天，我到芝加哥大学任职，重要的事当然就是拜访科斯，德瑞克特要退休，他所编的学报得另聘编辑，科斯显然是最适当的人选。科斯是在一九六四年转到芝加哥大学去的。一九六七年的秋季开课后几天，到该校的法律学院去找科斯，我与他素未谋面，战战兢兢地走进他的办公室里，自我介绍：我是史提芬，阿尔钦的学生，曾经花过三年的时间读你的《社会成本问题》。说了这些话后我才打量科斯，只见他头发斑白，服装古旧，戴着眼镜，正襟危坐于桌前阅读。室内的书籍很多，一套一套地放得很整齐。他听我那样说，好奇地抬起头来，问：我那篇文章是说什么的呀？我一时语塞，心在想，那么长的文章，从何说起？过了一阵，我还是勉强地答了一句：你那篇文章是说合约的局限条件。他立刻站起来，高兴地说：终于有人明白我了！你吃过午餐没有，不如我们一起吃吧。就这样，科斯和我成了好朋友。两年后我离开芝加哥大学，转到西雅图的华盛顿大学任职，不久就接到一些不相熟的经济学者的长途电话或来信，说科斯要他们问我，关于他某篇文章如何解释。回港数年后，一位美国教授途经香港，告诉我如下故事。科斯曾到他们的大学演讲，听众济济一堂。在演讲中，科斯直白地说，引用他的思想的人都引用得不对。到了发问时间，一位听者问道：当今之世，有没有一个引用你的思想的人是引用对了的？科斯回答：只有张五常。不仅我花了三年工夫读科斯的一篇文章，且在芝大的两年间，大家在校园漫步时，他不断和我细说他思想的根源。我和他没有师生之名，但有师生之实。外间误以为我是他的学生，他从不否认，我也从不否认。"

五常教授认为，他与科斯在学术思想上最接近；而在科斯眼里，张五常是科斯定理最佳的解读者。在美国芝加哥大学，张教授与科斯共同研读经济学的两年是他们最宝贵的回忆。科斯说，他希望是二十年而不是两年。张五常几次谈到，他非常惊叹于科斯的洞见。

科斯好像在空中随意抓一下，就能拿出一个令人惊讶的答案，然后再加以分析。张五常说，在美国芝加哥大学，他与科斯在校园中散步，他经常询问科斯：你是怎么想到的《企业的性质》《社会成本问题》中的观点的呢？为了回答张五常，科斯找到了当年的日记、书信。张五常还说："好羡慕科斯，文章一出就像丰碑一样屹立在那里。"有一次，原《经济学消息报》主编高小勇问张教授，交易费用和产权哪个重要？张五常毫不犹豫地说是前者。高小勇又问，你和科斯谁的贡献大？张五常说：“没有科斯，我连方向都找不到，无论我走多远，科斯都是为我指明方向的人。”

科斯没有孩子，张五常就将自己的儿子起名为罗纳德。小罗纳德与老罗纳德有着很深的感情，他们是神交已久，相差六十二岁的一老一少。一次小罗纳德问老罗纳德，怎样才能在学术上有贡献。老罗纳德说，你只管耕耘，有没有贡献，看你碰巧踩中了什么，我一生就踩中了两次。

（二）浓厚的中国情结

科斯教授逝世的消息传来，我接到张五常教授夫人发来的邮件：“对科斯的离世，我们都很难过。科斯真的是很让人喜欢的长者：智慧，幽默，善良，温和，有风度。八月四号，我们还与他通过电话，告诉他我们等他十月份来，他也回答说希望如此。科斯没能来中国是他终身的遗憾，又何尝不是中国青年学子的遗憾!”从邮件的字里行间，我们能感受到张五常教授及夫人与科斯延续了半个世纪的深厚感情与深切的感伤。张教授多次与我们谈过，他没有早一点将科斯请到中国来是一个遗憾。他说科斯是一个典型的英国绅士，举止缓慢、彬彬有礼、思想细致、学富五车、文采飞扬。科斯对中国有着非同一般的感情。科斯讲，从小读《马可·波罗游记》，对神秘的中国充满了好奇心。这个国家经常异乎寻常地大起大落，让他有点看不明白。当然不可否认的是，与张五常教授数十年的交往，以及处于转轨时期的中国加重了科斯对中国的情结。不断进行制度变革的中国大地，是新制度经济学家难得一见的试验室及观测所。注重真实世界的科斯认为中国是能够产生好经济学的肥田沃土，是经济学未来的希望。

早在20世纪80年代初，科斯力劝张五常教授回国，到香港大学任教。他认为，中国正发生着制度变革，而张五常懂产权及交易费用理论，香港又是观察中国大陆改革的前沿阵地，张五常回到中国，会对中国的经济体制改革有贡献。

2004年，在为张五常教授撰写的英文文章结集序言中，他写道：“我认为中国目前的演进，不仅不寻常，而且极为重要。以我所见，中国的奋斗便是世界的奋斗。伟大的变革，只要不中断，就会对经济学思想产生深奥无比的影响，不仅在亚洲，在欧洲及南北美洲亦如是。”

2008年及2010年，科斯两次拿出自己的诺贝尔奖奖金，在美国召开中国经济改革研讨会。2008年，98岁的科斯坐着轮椅，亲自参加会议，最后他深情地说："我将长眠，祝福中国。"闻听此言，与会者无不动容。

科斯最后一次接受媒体的采访是通过视频参加2012年中国《财经》杂志年会。科斯说："两周以后，我就满101岁了。生命已经吃力，若不是有重要的话讲，我不会接受采访。"在高度称赞中国改革成果后，他给中国提出了10个建议。

2013年9月2日，科斯在美国去世，享年102岁。2015年4月20日下午2时，科斯教授和夫人的骨灰在芝加哥市雅园墓地一并入土下葬。墓碑写着如下文字：

"这里长眠着罗纳德·H. 科斯，尽心尽职的丈夫，心无旁骛的经济学家，他的思想不仅鼓舞了伟大的中国转型，而且会继续启发我们研究国民财富的性质和原因。"

（作者为东北财经大学经济学院教授）

徐毓枬先生杂谈

杨　扬

对很多学经济学的人来说，徐毓枬这个名字，既熟悉又不熟悉。他因是凯恩斯《就业、利息和货币通论》的最早翻译者被人熟知，但由于他去世较早，关于他的相关资料很少。

徐毓枬 1935 年毕业于清华大学经济系，之后留学英国剑桥大学，1940 年获经济学博士学位，回国后执教于西南联大和清华大学，1952 年院系调整后任北京大学经济系教授，1958 年去世。《老清华的社会科学》中写道，“他是最早在剑桥大学获得经济学博士学位的中国人，听过凯恩斯等著名经济学家的课程，他当时还深受马克思主义的影响，与经济学家琼·罗宾逊交往密切，他的毕业论文是研究大萧条对英国纺织工业的影响。”

笔者接触到徐毓枬非常偶然。在卡莱斯基文集中，1938 年 12 月，斯拉法写给琼·罗宾逊的关于当时卡莱斯基工作状况的信中提到了卡莱斯基的两个助理，特别指出其中一个是中国人，但只知姓氏“Hsu”，这两个助理与卡莱斯基相处融洽而且对他的研究帮助很大，这个“Hsu”就是徐毓枬。当时的情况是，1938 年夏天，由于资助到期，卡莱斯基不得不从剑桥返回伦敦，之后在凯恩斯的帮助下，他参与了剑桥大学一个关于英国工业中价格和成本之间关系的统计项目，卡莱斯基的研究包括多个行业，徐毓枬负责的是棉纺工业研究，也就是他博士论文的主要内容。

徐毓枬是如何参与这一项目，以及他是否受到了卡莱斯基的影响，在卡莱斯基文集中并没有体现。引起笔者兴趣的是他博士论文的选题，这需要从卡莱斯基研究项目的背景谈起。该研究项目的主导者是凯恩斯，凯恩斯的目的是希望《通论》出版之后，在实证层面关注实际工资和产出在经济周期中的变化。凯恩斯在《通论》中假定完全竞争，企业被动地接受市场价格，同时凯恩斯接受了边际报酬递减的假定，因而实际工资随就业的增加而下降。但对《通论》的一个争论点就在于实际工资和产出之间的关系。卡莱斯基和凯恩斯有着不同的微观基础，在卡莱斯基的框架下，实际工资不会随就业的增加而下降，或者说在宏观层面，卡莱斯基认为工资占国民收入的份额是大致不变的，因而卡莱斯基的研究目的是希望在实证层面反驳凯恩斯的观点。

从这一背景就能更清楚地理解徐毓枬的博士论文选题，它是对凯恩斯《通论》的观点在实证层面的检验，卡莱斯基文集中详细介绍了徐毓枬的数据来源和统计处理。宽泛地说，大萧条之后现代经济学迎来了"凯恩斯革命"，凯恩斯、斯拉法、卡恩、琼·罗宾逊等经济学大师不仅是在理论层面进行革命，而且他们也关注实证层面对新理论的检验和应用，这些实证层面的研究工作更多是由学生来帮助完成的，也就形成了学生们的博士论文。徐毓枬并不是个例，如卡莱斯基的另一个研究助理 Brian Tew，负责的是钢铁工业研究，其博士论文题目是"英国钢铁工业的成本、价格和投资：1920—1939"。再如 1947 年同样在剑桥大学获得经济学博士学位的张自存，其博士论文题目是"国际收支平衡的周期运动"。再如 1949 年毕业的宋则行（又名宋侠，笔者导师的老师），其博士论文题目是"英国出口贸易的周期性变化：1924—1938"。这些都是凯恩斯的理论在实证层面的应用研究，当然更著名的还有 1945 年在伦敦经济学院获得经济学博士学位的蒋硕杰，他在哈耶克的指导下以"贸易周期下真实工资变动与边际利润的关联"为题对凯恩斯《通论》的观点进行了批驳。

在进一步查阅徐毓枬相关资料的过程中，笔者的一点体会就是凯恩斯《通论》的经济学分析方法对徐毓枬产生了影响。国内研究介绍早期经济学家的贡献，会更关注他们对现代经济思想的整理和传播，对他们受到现代经济学分析方法的熏陶对其日后经济学研究的影响反而着墨不多。众所周知，凯恩斯非常强调前提假设的重要性，在他看来，"研究古典经济学家最有趣的部分就是去发现他们得出结论以前含蓄的先决条件"，凯恩斯使经济学研究向前迈进的极其重要一步就在于"找出每个论点所依据的条件"。

徐毓枬回国之后一直讲授经济思想史课程。他 1949 年编写的《当代经济理论》是当时唯一一本用规范的西方经济学范式写作的教科书，时至今日仍不落伍。笔者更喜欢这本书的第二章“就业通论以前的庇古教授之就业理论”，尽管该章旨在勾画出庇古就业理论的简单轮廓以有助于初学者研读，但在结论部分，徐毓枬写道，“故二氏（凯恩斯和庇古）之争，主要是由于假设不同，凯恩斯深明论争焦点所在，故就业通论开宗明义第一章就批驳经典学派之一个基本假定，即某特定就业量之下，工资之效用，是否恰等于该就业量之边际负效用”。

1936年，凯恩斯《通论》出版之后，国内学者就已经应用凯恩斯的理论来探讨本国的就业问题。1946年，对于“中国是否已经达到充分就业”问题，学界曾展开一系列的争论，交锋的阵地是《经济评论》。一方如徐建平、吴大业认为当时中国的通货膨胀使中国已经达到充分就业，因此明确反对政府再发行货币来刺激经济增长；而另一方如徐毓枬、甘士杰、丁忱两、桑恒康等人表示反对，认为中国没有达到充分就业。其实严谨地说，凯恩斯的理论并不很适合当时的中国，正如罗宾逊夫人所指出的，“凯恩斯的论证很少有助于说明那些苦于没有生产设备的国家的问题，或是资本过少不能为所有可以利用的劳动提供工作而引起的那种失业问题”，因而“在问题是缺乏生产设备的场合，单单刺激需求只会导致通货膨胀”。

徐毓枬反驳“中国已经达到充分就业”这一观点是很有凯恩斯风格的，他没有特别强调当时中国的现实问题，也没有特别强调凯恩斯理论的欧美资本主义国家背景，而是从理论的前提条件出发。他指出确有一种理论认为通货膨胀可以致使经济达到充分就业，但这一理论是有前提条件的。一是，“货币工资在未达充分就业以前，不随物价之涨而涨，但一达充分就业，则与物价作同比例的增加”；二是，“劳工间有自由竞争，雇主可以在最低廉时雇佣工人，故在未达充分就业以前，已就业者怕未就业者竞争，不敢抬高货币工资”；三是，“通货膨胀对于消费倾向本身并无多大影响”，但“这三个前提在当时的中国都不成立”。徐毓枬的反驳体现的正是凯恩斯在《通论》序言中所表达的，（古典理论）错误不在于理论的逻辑一致性，而在于前提假设缺乏明确性和一般性。

从1947年起，徐毓枬在《社会科学》季刊上连续发表了6篇文章：《凯恩斯就业通论阐述》、《就业通论以前的庇古教授之就业理论》、《厂商分析》、《马恩著作中历史唯物之史的发展（上）》、《马克思剩余价值学说引论》和《马恩工资理论》。可以看到文章的差异是非常明显的，他在新中国成立前研究的是西方经济学，在新中国成立后研究的是马克思经济学，在当时的历史背景下这是很普遍的现象。后辈学者应当反思的是为何如徐毓枬等早期经济学家能够迅速跨越不同的研究领域，天资聪慧固然是一方面，更重要的是他们在求学时期受到了良好的经济学训练。尽管笔者没有找到徐毓枬关于马克思的论文原稿，但笔者相信以徐毓枬对现代经济学，尤其是对凯恩斯《通论》等经典著作掌握之精深，他足以能够挖掘出马克思经济学理论的隐含假设，再与马克思的结论相联系，从而比较准确地把握马克思的理论，有兴趣的读者可以看一下同为剑桥大学毕业的宋则行的故事或许会更加明了。

以上为笔者对徐毓枬先生往事的几点考究，敬请批评指正。徐毓枬的《通论》译本历经坎坷，直至1957年才由“三联书店”正式出版，作为国内最早的译本，其对现代经济学在中国的传播具有深远的意义。

（作者为中共辽宁省委党校副教授）

更 正

载于《经济学家茶座》（第90辑）的《英国财政税收史中的几个术语溯源》一文作者施诚为首都师范大学历史学院教授，特此更正。

增长为什么不会终结？

陈 宪

凯恩斯革命（1936）以后，经济学家建立了宏观经济的短期与长期分析框架，波动和增长分别成为个中的主题。在经济学的体系中，可能没有哪个概念像“增长”这样，既须臾不可离开，又时常被污名化，尤其当它与GDP联系在一起的时候。人们把增长带来的负面结果归为增长本身，所以，就有了增长的极限、增长的终结的说法。这些说法能够成立吗？如果不能，那么，人类究竟需要什么样的增长？

一

早在1972年，《增长的极限——罗马俱乐部关于人类困境的报告》问世。作者认为，人口、工业发展、粮食、不可再生的自然资源和污染等因素，对人类命运具有决定意义。罗马俱乐部的研究最后得出“地球是有限的，人类必须自觉地抑制增长，否则随之而来的将是人类社会的崩溃”这一结论。这篇报告发表后，立刻引起了爆炸性的反响。这一理论又被称为“零增长”理论。我们可以从自然资源的有限性、资本收益的递减性和人口增长的限度，讨论“零增长”的可能性。然而，这三个角度的讨论都内含着一个假设——“技术中性”，技术不变。一如马尔萨斯（1789）在其著作《论人口对未来社会进步影响的原理》中得出结论“人口的力量永远大于地球上生产人的必需品的力量”时，没有考虑价格机制和技术进步的作用。袁隆平的杂交稻技术养活了大量的人口，人口不再是社会的负担。

罗马俱乐部时隔40年推出新报告：《2052：放眼40年的一项全球预测》（又译《2052：未来40年的中国与世界》）。他们首先澄清对“增长的极限”的三个误读：增长的极限是不是对未来的预测？增长的极限是不是仅仅基于一些资源趋于枯竭的现实可能？作者是否在鼓吹“零增长”？答案都是否定的。但是，作者再度强调，人类如果停留在当今过度消费和短视的轨道上，有朝一日可能难以在地球上生存下去。金融市场和民主议会中的短视意味着，市场将不可能落实必要的解决方案，而政府也不太可能出台相关法规，迫使市场以减少消费为代价，将更多资金配置于气候友好的解决方案。由此表明，增长是人类社会发展的前提，但是，健康的持续增长并不容易，不仅要辅以有效的公共政策，而且需要确立符合人类长远利益的价值观。

报告认为，需要一个专门的术语来指代这个星球上的人类需求和地球能提供的容量之间的关系。因此，他们使用“生态足迹”（ecological footprint）这个词。整个社会的生态足迹相对于地球所能提供的容量来说，已经出现过冲。“过冲”（overshoot）原本是物理学的概念，意思是走过头了，是意外而不是有意超出了界限。它有三个特征：快速增长、极限和滞后反应。过冲的首要原因是增长、加速和快速的变化。在过去一个多世纪里，地球系统的许多物理特征都在迅速变化，例如，人口、粮食生产、工业生产、资源消耗以及污染都在不断增长，并且常常以统计上所说的“指数型增长”的方式进行。生态足迹的增长会停止是毫无疑问的，唯一的问题是何时以及以何种方式。因此，我们必须把注意力从增长的原因转向增长的极限。尽管受技术进步和价格机制的作用，地球会突破增长的极限，但是，生态足迹是善意的、严肃的警醒，是不能视而不见的。

二

2019年诺贝尔经济学奖由阿比吉特·班纳吉、埃斯特·迪弗洛及迈克尔·克雷默三人获得，表彰他们“在减轻全球贫困方面的实验性做法”。2011年，阿比吉特·班纳吉和埃斯特·迪弗洛合作写了一本有关他们所做研究工作的书——《贫穷的本质：我们为什么摆脱不了贫穷》。他们获奖后，这本书名声大噪。原本以为“作家生涯已经结束了”，但是，当面对“困扰世界的许多问题”时，他们毅然做出再度写书的决定。于是就有了《好的经济学——破解全球发展难题的行动方案》。

“当下危机的核心在于经济和经济政策出现了问题。”面对这些问题，一般的套路就是采取措施推动经济增长，无论是短期政策的“注水”，还是长期政策支持创新创业。但是，“还有别的需要优先考虑……或许最迫切的问题是，社会如何帮助所有那些被市场抛下的人”。这些问题绝不是靠一条“推特”就能解决的，因此，人们有强烈的冲动逃避问题，或者表现出极大的无奈。就像班纳吉和迪弗洛再度问道：增长的终结？这也是《好的经济学——破解全球发展难题的行动方案》一书第五章的标题。增长的终结和增长的极限，在文字上的含义应该是差不多的。

作为诺奖得主的经济学家，他们清楚地知道，增长不可能终结。这一点仅从他们以发问的形式提出问题，就可以看出来。他们更关心的是，“尽管好几代经济学家付出了最大的努力，但经济持续增长的内在机制仍然难以捉摸”。不过，增长的经济学逻辑已经很清晰：现代经济增长是由劳动生产率和全要素生产率的增长推动的。教育水平、资本投资和科技进步，是劳动生产率和全要素生产率得以提高的主要因素。后来，新锐经济学家阿西莫格鲁等人似乎在进一步解释“内在机制”。他们追问：为什么一些国家与另一些国家相比，积累了更多的实物资本，进行了更多的人力资本投资，开发和采用了更好的技术？毕竟，如果投资于实物资本和人力资本以及采用先进技术就能大量增加 GDP，那么，世界上的所有国家不都想这么做吗？为什么并非整个世界都像美国或西欧国家那样发达呢？他们认为，这三个方面的差别（即不同的投入水平）只是经济发达程度差异的直接原因，因为它们没有对这些投入水平为什么高或为什么低做出解释。阿西莫格鲁将他在《国家为什么会失败》中提出的包容性经济制度和掠夺性经济制度，运用于经济制度如何影响经济增长的分析，以证明包容性制度促进经济活动，掠夺性制度抑制经济活动。制度因素而非地理因素、文化因素，是解释国家间差别的根本原因。建立包容性制度，持续提高投入和生产率水平，增长就不会终结。

关于经济增长放缓的辩论围绕两个问题展开。“首先，生产率最终会恢复持续快速的增长态势吗？其次，对 GDP 的衡量充其量只是一种猜测，是否在某种程度上遗漏了新经济带给我们的所有快乐和幸福？”生产率的增长态势随着上述诸因素的变化，是在起伏中持续提升的，只是在不同时期，其增长的速率是不尽相同的。还有其他因素在影响着经济增长，GDP 增长时而放缓、停滞，时而加快是常态。对于GDP衡量的遗漏，统计核算机构一直在做补充和完善工作。例如，我国每隔五年进行一次的经济普查，就是为了补充或调整在年度统计中遗漏的GDP及其他相关数据信息。又如，2009年，联合国经济社会理事会（ECOSOC）的统计委员会通过了最新的国民经济核算国际标准“SNA2008”。与“SNA1993”相比，“SNA2008”修订的最重要特色是研发的资本化核算，研发投入不再是一项被计入成本的中间消耗，研发累积形成的知识存量，被视为构建未来优势的重要资本，反映着一国（地区）知识生产状况和创新潜力，被认为是反映新经济时代的一次修订。至于GDP遗漏的新经济带给我们快乐和幸福，还需要假以时日，但其到来则是肯定的。

经济学家围绕经济增长的讨论，经常得出截然不同的结论。尽管悲观的观点最终总是被事实证明不成立，但一如罗马俱乐部提出的“增长的极限”，警示意义不可小觑。当然，就像乐观的观点会存在不严谨一样，悲观的观点中也有明显的谬误，都需要正本清源，以免误导缺乏经济学常识的人们。班纳吉和迪弗洛举了一个例子。1938年，摆脱大萧条的美国经济刚刚回到高速增长轨道，哈佛大学教授阿尔文·汉森就发明了“长期停滞”（secular stagnation）这样一个术语，用于描述当时的美国经济状况。他的观点是美国经济永远不会再增长了，因为所有有利于促进增长的因素的作用都已经发挥出来了。汉森认为，技术进步红利期以及更为重要的人口红利期已经结束了。此后的事实证明，数量型人口红利逐步消失，人力资本意义上的人口红利会持续产生，并对经济增长发挥重要作用。只要科技创新活动存在，技术红利就会持续地产生并推动经济增长。

三

罗马俱乐部新报告提及的“当今过度消费”，以及政府不可能出台相关法规，“迫使市场以减少消费为代价”，触及了宏观经济与宏观经济政策的一个根本性的两难。在短期，消费、投资和净出口“三驾马车”拉动着经济运行，消费是其中的“大马车”。如果消费需求不足，就会出现经济运行放缓，严重时将会出现经济衰退。每当此时，市场主体为了“活”下去，还想“活”得好一点，会施展身手，举办以降价促销为主要内容的各种活动；各级政府亦采取措施刺激消费，从鼓励购买汽车，到搭建购物节平台，凡此种种，应运而生。便利、高效的电商平台，以及上述各种促进消费的活动，都有其合理的发展理由，但是，它们对消费主义的推波助澜，是有目共睹的事实。还有一个要命的问题是，“政治领导人已经习惯于用一个单一的标准来衡量自己的成功，即GDP增长率”。在这一目标的驱动下，作为“副产品”的过度消费就是不可避免的。

消费主义本质上是一个人和自然关系的问题，关乎可持续增长，还有人和人的关系，即贫富差距、种族歧视和社会撕裂的问题。如果说消费主义下的过度消费极可能在“碳达峰”，尤其是“碳中和”的倒逼下有所收敛，那么，对社会危机的挑战不作为，导致的对经济增长和社会发展的冲击，将是更为巨大、更为难以缓解的矛盾。在《好的经济学——破解全球发展难题的行动方案》的“前言”中，作者在阐述做出写书决定的原因时指出：“我们深入思考后认识到很奇怪的现象，发达国家所面临的问题，实际上通常和我们在发展中国家研究的问题是相似的——人民无法享受发展成果，社会不平等极速加剧，对政府缺乏信心，碎片化的社会和政体，诸如此类。”本书的使命就是分析这些人类面对的共性问题，并试着提出解决问题的思路。他们说：“我们坚信作为经济学家能够找到的最优应对方法，就是保持实事求是的态度，对巧取的答案和所谓的灵丹妙药保持警惕，对我们已知和理解的事情保持谦虚和诚实。而可能最重要的，是愿意去尝试提出想法、解决问题、犯下错误，只要这些尝试能够驱使我们迈向最终目标，建立一个更加人性的世界。”这一积极的态度堪称难能可贵。

（作者为上海交通大学安泰经济与管理学院教授）

欧洲人的欧洲

——七十年后重读《舒曼宣言》

王宏森[①]

一

从毗邻德国和卢森堡的法国东北边陲堡垒“德意志门”一路向西，穿过梅兹市中心，再渡过摩泽尔河五六公里处，有个风景优美的田园村落——斯西沙泽莱。

在村子的圣昆汀小山坡之上，有一座并不太起眼的两层小屋和一个小花园。这是洛林地区的典型乡村住宅。

1950年4月的一个周末，正是在这家院落里，时任法国外交大臣的罗伯特·舒曼，决定采取一个极为大胆的历史性行动。

数天后的5月9日，舒曼在法国外交部钟厅的记者会上发表了演讲。在讲话中，他建议将德国与法国的煤炭和钢铁生产融合到一起：“设立一个共同的高级管理局来管理法德两国的煤和钢铁的生产。其他欧洲国家也可以加入这个机构。”

这番话，在当时第二次世界大战后欧洲诸国各怀戒心、疑虑重重的背景下无异于一石澜起。但谁又能想到，正是这个提议建立西欧煤钢共同体的“舒曼宣言”，终结了流血纷争的旧欧洲史，开辟了一条和平的道路，将饱经战乱的欧洲导向了“共同市场”，并且在其后的风风雨雨中走到了更远的“欧洲联盟”。

---

① 本文撰于2020年5月，其时作者借调外交部，任中国驻欧盟使团（布鲁塞尔）外交官、经济专家。

欧罗巴就这样被永久地改写了，5 亿人的生活也为之改变，“欧洲被带入了一个统一的、安宁的世界里”。

二

中国人最普遍的寒暄方式，是问一个人“从哪儿来”或“老家在哪儿”，但若把这个籍贯问题抛给舒曼，估计他会一时踌躇。

舒曼的母亲是卢森堡人，父亲则来自法国。当舒曼于 1886 年在卢森堡出生时，他的国籍却是德国，这是因为他父亲的故乡在 15 年前被割让给了德国。

欧洲历史上最为关键的战争之一——1870—1871 年普法战争，以法国惨败告终。1871 年 5 月签署的《法兰克福和约》规定法国赔款 50 亿法郎，并将阿尔萨斯全省和洛林东部地区割让给普鲁士。法国作家都德 1873 年发表的《最后一课》，即在这样的背景下写出的。直到第一次世界大战后，阿尔萨斯—洛林地区才于 1919 年重返法国，舒曼因此又成为法国人。

舒曼长期在德国、卢森堡、法国交界地带及欧洲多个城市生活。德式教育占据了舒曼的大部分少年时代和青年期，他的法语也因此带有浓重的德国口音。在大学时代，舒曼对多种学科都很有兴趣，但最终获得了斯特拉斯堡大学的法律学位。

1912 年，26 岁的年轻舒曼成为德国执业律师，试图在家乡梅兹开创自己的律师事业。然而，在此后 30 年的人生黄金阶段，他却历经了两次世界大战。

第一次世界大战使他丢掉工作，战争结束后他随洛林地区回归法国，随后被选为地方议员而进入政界，在法国摩泽尔地区开启了公共服务生涯。

第二次世界大战开始时，舒曼因德语专长被招入战时的雷诺内阁，负责移民事务。战争期间巴黎沦陷，他拒绝在维希傀儡政府任职，也拒绝了法国流亡领导人戴高乐的邀请去伦敦避难，而选择在纳粹占领区从事法国抵抗运动。但在回到洛林不久后，他就被德军抓住成了俘虏（梅兹故居也被盖世太保占据，甚至做了设施改造）。此后他逃匿到法国的“自由”地区，但未停止过抵抗活动。

第二次世界大战结束后，舒曼重返政府工作，进入了法国政治的核心圈，首先担任财政部部长，1947 年担任总理，1948—1952 年任外交部部长，然后于 1955—1956 年担任司法部部长。

他所处的位子，要求他必须为法国的国家利益服务，但他的视野却是放眼整个欧洲大陆的。除了创造性地提出“舒曼宣言”（或舒曼计划），倡导欧洲煤钢联营外，舒曼还作为欧洲委员会、马歇尔计划、北约等主要条约和倡议的重要谈判者，积极推动了欧洲团结以及西方联盟内部的合作。他坚信，如果将欧洲绑在一起，那么战争“不仅不可想象，而且实质上成为不可能”。

然而，由于国内的误解等原因，1953 年初，他不得不辞去外交部部长职务。之后，他继续宣传欧洲联合的思想。他的努力很快在几年后显现实效。1957 年 3 月，煤钢共同体六国签署《罗马条约》，成立“欧洲经济共同体”和“欧洲原子能共同体”，一个欧洲共同市场由此形成。1958—1960 年，舒曼被推选为欧洲议会的第一任主席。卸任后，议会授予他“欧洲之父”的称谓。

为了纪念“舒曼宣言”的意义，在 1985 年 6 月的米兰欧盟峰会上，5 月 9 日被与会国家元首和政府首脑定为“欧洲日”。第二年，时值舒曼 100 周年诞辰，欧洲各界隆重庆祝了首个“欧洲日”。

回望舒曼的一生，“欧洲人”才是他的真正底色。德国、卢森堡、法国……都是他的故乡。他作为一名政治家表现出来的胸怀与卓见，或许在很大程度上可归因于他这样一种“真正的欧洲背景”。

三

当我们在 70 年之后重新翻阅“舒曼宣言”时，有这样一些要点不可忽略。

首先，“舒曼宣言”最初是法国外交部的一份绝密文件。起草工作是由当时的法国国家计划署署长让·莫内（让·莫内日后也因此同被尊为“欧洲之父”）同几位高级官员担任的。只有德国总理阿登纳在文件公布前数小时内被知会。阿登纳得知后，反应迅速，立刻表示同意。在此后不久美国、英国和法国外交部长共同参加的伦敦会议上，它成为被讨论最多的文件。荷兰、比利时、意大利和卢森堡政府也对此做出了积极回应。

很快，6 个创始成员国在 1951 年 4 月 18 日签署了《巴黎条约》。欧洲煤钢共同体——欧洲第一个超国家联合体，就这样在“宣言”发表后不到一年之内迅速横空出世了。

尽管千百年来，关于欧洲联合的思想屡见于史，但能够以类似“企业家精神”的眼光、勇气、创新、务实和行动力，提出可行的构想并高效地付诸实施，舒曼及其同时代的欧洲同仁们确实不简单。“舒曼宣言”作为欧盟的发轫之基当之无愧。

其次，这份行动纲领简明扼要，其目标指向非常清晰。欧洲的和平与统一，需要“事实上”的团结来体现。其中最主要的障碍，来自“德法两国之间长达数世纪的对立”。因此，两国必须站到第一线，消除“古老的反对派”，首先行动起来建立煤钢共同体，整合基础产业，以此作为今后通向“经济联盟”和“欧洲联邦”的第一阶段。

同时，借此控制住武器生产的原材料而使得战争变得不可能，以达到持久和平的目的。阿登纳同时期的讲话也表明了类似认识：“钢铁在过去的几十年甚至是几百年的时间里，一直扮演着带给人们厄运的角色，因为所有的武器几乎都是由钢铁制成的。”

再次，怎么来建设这个生产联合体呢？我们不妨在此将“宣言”的设想归纳为九大建议或原则：

一是必须有组织，即由共同的高级管理局来承担行政职能。

二是必须是开放的。其他欧洲国家也可加入，以便消弭国家“世仇”而结合为更广更深的共同体。

三是无差别、无例外。煤钢供应面向全世界，由此提高生活水准及促进和平，从而也使更多的资源用于非洲大陆的发展，这是欧洲最重要的任务之一。

四是平衡各国条件，推动生产合理化和现代化，同时实现劳工状况的提升。为此要建立生产与投资计划、价格平衡机制。

五是关税同盟。成员国之间的煤炭和钢铁进出口免除关税，以促进最合理的国际生产分配。

六是货币合作。如设立有助于生产合理化的自由兑币基金。

七是市场化、无歧视。不是搞跨国垄断企业联盟，而是保障市场的融合以及生产的扩张，且高级管理局绝对不应预先判断企业的所有权问题（这一点，已经有当代“竞争中性”政策的意味）。

八是平等中立的组织原则。通过协商和条约来规范共同体的行动，任命公正的仲裁人来调解利益冲突。高级管理局由各国政府任命的独立个人组成，主席则由各国政府共同协议选任。

九是公开透明、多边主义。每年两度向联合国提交一份关于这个新机构活动的报告，特别是关于维持和平目标的进展情况。

最后，“舒曼宣言”虽不乏相互监督之意，但“通过钢铁的统一管理将欧洲各民族的贸易及思想融会在一起”，无疑也具有一种国际“帕累托改进”的意味，参与各方的利益都获得了增进，由此得到了诸国的积极响应，亦在情理之中了。

第二次世界大战后之初，西欧除了面临内部的德国问题外，外部也面临着美国和苏联两强的夹击。西边的美国作为救世主如日中天，新“霸”面目毕现；而东边的苏联集团在意识形态、军事等方面对西欧的挤压也与日俱增，冲突不断，单凭西欧任何一国的实力，根本无法与之竞争与抗衡。由此，有必要以“集体行动”的方式，对内加强融合，减少交易成本，对外同进同退，形成合力、强力，以此在美、苏两大势力之间求得自身的生存、和平与发展，这是西欧各国的大势所趋。而进行这种合作的方式，正是“在欧洲国家之间建立共同利益，导致逐步政治融合”。

四

梅兹郊区圣昆汀小山坡上的舒曼故居，如今被称为“欧洲之家”。这座小宅院是舒曼于 1924 年购置的，他在此度过了漫长岁月，最后终老于斯，并被安葬于故居对面古老的圣昆汀小教堂地下。

为了纪念这位伟人，欧盟和法国政府还在小教堂对面、故居隔壁建起了造型现代的舒曼博物馆，展室内陈列着大量图片音像资料和欧盟的大事记录，供人们来此瞻仰追思，同时探寻欧盟的历史轨迹。

去岁秋日，我沿德、法、卢三国交界沿线漫游到此。经过弯弯曲曲的上行马路，走过小坡的转角，来到故居门前的舒曼小径上，很远就看见欧盟的盟旗迎风飘扬。

小径两旁花树繁盛，墙头布满各色藤蔓，一种静谧幽深、清芳宜人的气息扑面而来。小教堂院子的外墙上，悬挂着 28 个国家的国旗方板，上面印刻着国名、国旗和入盟时间，从 1957 年的 6 个创始国法国、德国、意大利、荷兰、比利时、卢森堡到 2013 年的克罗地亚，3 个为一列，从左到右按时间先后依次排列。

在小教堂院内一侧围墙下，有一个圆形平台，上面矗立着舒曼等欧盟4位缔造者的塑像。四先贤形貌神态栩栩如生，他们身着笔挺的西服，绅士儒雅，自信从容，似乎正在一起讨论欧洲的未来。

象征“完美无暇”之意的12颗星，围绕着四塑像沿平台圆周环列，塑像的脚下是按比例微缩模制的欧洲地图。地图层次错落，海陆轮廓分明，也许前日刚下过雨，陆地周围的低洼处浅水汪汪，地中海、波罗的海、黑海和大西洋更加“名符其实”、清晰可鉴。

圣昆汀小教堂据传始建于12世纪，其外观古朴庄严，内里形制完好，数百年来经历了无数风雨战乱和整理修葺。踏入教堂厅内，正门顶上横着一架悬空小木廊，栏杆上挂着28面欧盟成员国的国旗。

从听众座椅区向前稍走几步，经过一段红地毯，来到正中的讲经台前，舒曼之墓就在眼前了！

长条形的大理石墓碑与地面齐平，最上面镌刻着他的名字“Robert Schuman”，名与姓分列两行，非常醒目。中间是生卒年份：1886—1963。其下镶嵌着舒曼侧脸铜像，他的双目炯炯有神，永远向前凝视着教堂右侧拱形门洞里蓝底金星的欧盟盟旗。铜像之下，刻着一个“十”字图案。

舒曼为人正直，终身未婚，独自过着苦修的生活，阿登纳曾戏称他为“穿西装的圣徒”。安息长眠于故乡的小教堂内，应当是这位欧洲伟人和布道者最好的“皈依”吧。

舒曼故居是一幢两层小楼。进入院子，入口处立着一块高大的玻璃屏风，上面印着舒曼照片。照片中，身材瘦长的他正站在一座建筑的大门门槛上含笑远眺。这个门，或许隐喻着“欧盟之门”的含义。

故居内部保留了主人原有的生活场景。二楼办公桌、书桌上堆满了书籍和文件，书架上以及取书小梯上报纸、书刊整齐放置。写字台上信笺纸张虽然陈旧斑驳，但字迹清晰如故。

卧室里床铺整洁，沙发闲适，书本报刊伸手可取。每个房间的墙上、桌上，随处可见亲朋故旧照片。

一楼餐室、厨房的各式用品简朴实用，一件件精心摆放。衣帽钩上还挂着一顶礼帽和一件大衣，似乎暗示着主人刚刚外出奔忙或散步回来。使用中的刀叉、咖啡杯，点亮的台灯，书本上的放大镜……无一不让人感受到主人的存在。

门厅里码放的泛黄报纸，上面的日期却永远地定格在1963年5月4日了。

走进后院小园，只见树木丰茂，花草繁多，树荫下随意摆放着几张椅子。此处位于小山坡，靠在椅子上，透过树梢，依稀可见远处的田野和村庄。当年舒曼先生坐在此处休憩、沉思，他会想什么呢？是在想象不远处的德意志门，还是更远的巴黎凯旋门？

与工作人员攀谈，摩挲着她们赠送的舒曼头像书签，我在故居停留良久。正如门口的纪念牌上的铭文所写“在安静的洛林小镇，他奠定了繁荣与和平统一的欧盟之根基”，从欧洲煤钢共同体到今天的欧洲联盟，70年弹指一挥间，其间历经7次扩大，成员国数量从最初6个增至28个，成了一体化程度最高、规模实力最强的国家联合体，舒曼作为创始人之一，“舒曼宣言”作为欧盟的创始宣言和行动纲领，真是功莫大焉。

这一伟大的欧洲创举，一路跌跌撞撞而来，争吵纠缠和妥协合作始终如影随形，疑欧退欧之声也从未间断，穿越历史的风风雨雨，却一直不断顽强前行。

如今随着英国退欧，28面国旗不得不减少一面。以后旗帜会是增多，还是更少？未来还会出现什么新问题，欧洲又将走向何方？罗伯特·舒曼们所构想的属于欧洲人的欧罗巴合众国，会有到来的那一天吗？

（作者为中国社会科学院经济研究所研究员）

经济学的幸福效应

——兼评赖德胜教授《美好生活经济学：摆脱焦虑，实现价值跃升与社会公平》

吴克明

幸福是人类社会的永恒主题。古往今来，过上美好幸福的生活是人们共同的愿望，也是人们孜孜以求的目标。在致力于实现这个目标的过程中，人文社会科学和自然科学都从各自的角度提供独特的智慧，做出应有的贡献，经济学也不例外。最近赖德胜教授的新著《美好生活经济学：摆脱焦虑，实现价值跃升与社会公平》（社会科学文献出版社2021年版），引发笔者对“经济学的幸福效应”的思考。当前各行各业竞争日趋激烈、“内卷化”日益严重，人们常常感到焦虑和烦恼，幸福美好变得稀缺而弥足珍贵。从选题来看，该著主标题中的“美好生活”和副标题“摆脱焦虑，实现价值跃升与社会公平”充分体现了经济学致力于促进美好生活的主旨，紧密契合了人们对美好生活的向往，不仅具有跨越时空的普遍性意义，而且紧密贴近社会现实，具有鲜明的时代性意义。从内容上看，该著分为经济学家论公平、思教育、悟人文、观社会、谈治学五个部分，都围绕如何促进美好生活的主旨展开，从多角度展现了经济学的幸福效应，该效应至少体现在两个方面。

一方面是经济学致力于促进经济增长和社会公平，为人们获得美好幸福生活创造优越的宏观环境。

人们所处的社会环境越安定祥和，自然环境越整洁优美，制度环境越公平合理，文化环境越文明优雅，人际氛围越和谐温馨，交通环境越畅通便捷，医疗卫生环境越安全（比如没有传染性疫情），生活就越美好幸福，而这一切良好的外部环境都是来之不易的，也非偶然，需要付出大量的成本和努力。比如，需要强大的国防和良好的公共安全建设，需要坚持不懈的精神文明建设和制度建设，需要持之以恒的交通基础建设和环境治理……这一切建设都离不开充足的财政或经济支撑，归根结底，离不开稳定的经济增长。而“致力于经济增长”正是经济学的“分内职责”和用武之地。基于资源具有稀缺性的基本假定，经济学是一门研究资源配置的学科，是研究如何优化配置资源以实现资源利用率最大化的学科，换言之，经济学研究如何以最小的资源投入获得最大的产出，研究如何有效促进经济增长。经济学也研究收入如何合理分配，研究如何正确处理收入分配中效率和公平的关系。总之，经济学是一门经邦济世、经世济民的社会学科，致力于促进经济增长和社会公平，这一目标也体现在种类繁多的经济学分支学科之中。例如，增长经济学和发展经济学研究影响经济增长和发展的因素，前者侧重于发达国家，后者侧重于发展中国家；制度经济学研究制度影响经济增长的规律；财政学、金融学、产业经济学、国际贸易学、生态经济学、教育经济学、劳动经济学等各种应用经济学科都从各自的角度研究如何实现经济稳定持续增长。我国改革开放以来，一大批富有远见卓识的经济学者运用经济学理论和方法，为经济体制从“计划”到“市场”改革摇旗呐喊，为建立和完善社会主义市场经济体制、促进经济社会稳定持续发展、人均收入水平和人们幸福指数不断提高做出了不可磨灭的卓越贡献，彰显了经济学对于促进经济发展和提升生活的美好幸福度所起的巨大作用。

《美好生活经济学：摆脱焦虑，实现价值跃升与社会公平》基于教育经济学、劳动经济学和发展经济学中的相关理论，在“经济学家思教育”、“经济学家观社会”和“经济学家论公平”三篇中，从宏观的角度分别论述了教育、就业、收入分配和社会公平等社会民生问题。其中，关于教育，作者提出：教育需要更多聆听劳动力市场的声音；教育改革和发展既要充分考量市场的决定性作用，也要更好发挥政府作用；面对我国劳动人口比重逐年下降、人口红利逐渐减少的隐忧，要增加人力资本供给，优化人力资本的配置，激发人力资本的潜能，以“人力资本红利替代人口红利”支撑经济增长。关于就业，作者认为高质量就业是“人们美好生活的重要组成部分”，也是“人们拥有获得感、幸福感、安全感的重要保障，是逐步实现全体人民共同富裕的重要保障”。面对大范围的新冠肺炎疫情，作者提出了应对疫情冲击稳就业的五个举措。作者还对如何促进大学生成功就业和发展夜间经济提出了中肯的政策建议。关于收入分配和社会公平，作者分析了中产阶层的焦虑问题，探讨了行业收入差距的正常与反常现象，揭示了我国收入差距迎来缩小的拐点，论述了扩大中等收入者比重的意义和对策，提出了“缩小贫富差距有赖于制度创新”观点，剖析了“先富”与“共富”的辩证关系，主张“建设体现效率促进公平的收入分配体系”和“多层次调节”，以促进社会公平。总之，该著提出了一系列中肯的政策建议，对于促进教育发展和公平、提高就业质量、提升收入水平以及促进社会公平具有重要的实践价值，必然有益于增进人们生活的美好幸福感。这些论述在宏观上充分体现了经济学的幸福效应。

第二个方面是经济学指导人们做出正确理性的行为选择，实现利益最大化或损失最小化，为人们获得美好幸福生活奠定坚实的利益基础。

在生活和工作中，人们经常会面临不同选择，大到上学选择学校或专业、就业选择工作单位、投资选择方向、结婚选择对象等，小到出行选择交通方式、旅游选择景点、购物选择品牌，乃至一日三餐也面临选择……何时何处无选择？相对于计划经济体制，市场经济体制赋予人们更多的自由选择机会。不同的选择会产生不同的结果，过去的选择决定了现在，现在的选择将决定未来。如何根据自身的现实条件做出最佳的选择，是人们非常关心的问题。经济思想的发展历史表明，经济学的研究对象已经从资源配置扩展为行为选择，成为一门研究人类行为的社会科学。经济学理论大厦构建于资源稀缺性和经济人这两个基本假定之上，经济人假定（也称“理性人假定”）基于人们“趋利避害”的利己本性，认为个体的行为选择都是追求在特定约束条件下实现自身预期利益最大化。为了实现自身预期利益最大化目标，理性人在做出决策之前会根据自身的特定约束条件，对各种可能的选择方案进行多方面的成本—收益权衡、比较，最终做出最优选择。围绕这个目标，经济学形成了一系列理论和分析方法，能够指导人们在生活和工作中做出正确的选择，获得最大化利益，增进人们生活的幸福感。

第一，理性人假设启示人们为了实现利益最大化，应该选择将有限的资源配置在价值最大、效率最高、回报最多的地方。资源包括人力资本（知识技能）、社会资本（人际关系、声望）、经济资源（财产）、政治资源（权力）和时间资源等多方面，任何人的资源都是有限的，即使富甲一方的首富和人脉通天的达官显贵，也不可能凌驾在法律之上。退一万步讲，任何人都不可能万寿无疆，寿命的有限性决定了其时间资源的有限性，也因此而产生了机会成本（即任何资源不能同时用在不同的地方）和权衡选择问题。理性人假设启示人们，理性正确的选择是将有限的资源配置在能够获得最大化利益的地方。例如，在重要的“人生大事”方面（近似“生产者”的角度），上学优先选择教育质量高的名校；选专业优先选择符合个人兴趣和特长、预期收益率高的专业；就业优先选择收入更高、晋升机会更多的工作单位；结婚优先选择人品好、能力强、有责任心的配偶；交朋友选择良师益友；投资优先选择收益更高且风险更小的领域等。为了做出这些选择，值得动用既有的各种资源，投入必要的成本。在次要的“日常小事”方面（近似“消费者”角度），也应合理配置资源，以获得最大化的收益。例如，购物选择性价比更高的“物美价廉”商品；出行选择时间更短、价格更低的交通方式；旅游选择更符合兴趣、价格更低的景点。尤其需要强调的是，如何优化配置时间这个不可替代的稀缺资源，也应遵循“收益最大化原则”。在时间资源的配置方面，关于工作时间安排，应该在思维活跃、头脑清晰的黄金时间段处理具有创造性或挑战性的脑力事项或重要的“黄金”事项，而在其他时间段处理事务性的体力活动事项或次要事情；关于考试中时间分配，理性选择是坚持“先易后难”的原则，因为相对于分值相同的高难度题目，解答简单题目意味着付出更少的时间获得同样的收益。

第二，理性人假设启示人们为了实现损失最小化，应该正确面对“沉没成本”，及时果断止损。一般情况下，人们出于预期利益最大化的动机，基于现实的约束条件（包括自身条件和外部条件），经过多方面的成本—收益分析和充分的权衡比较所做出的理性选择，会最终实现最大化利益的结果。但是，未来具有不确定性，以及信息不充分和不完全等各种客观因素和不可预料的因素，导致做出选择后，随着时间的推移，有可能出现“得不偿失”的损失情形。例如，投资于餐饮店或教育培训公司还没有收回成本，突然遇到疫情，导致业绩亏损；投资股票被套，某日开盘前忽然出现巨大利空消息；谈恋爱或交友过程中，逐渐发现对方品行不端或与自己三观不合（路遥知马力，日久见人心）；电影看到一半，发现很难看；看书看到一半，发现书的质量差……面对以上情形，该怎么办？在经济学中，以上情形都属于“沉没成本”，所谓沉没成本是指“一项开支已经付出并且不管做出何种选择都不能收回的成本”，面对沉没成本，理性选择就是忽视，冷静接受损失已经发生的客观事实，及时果断止损。然而，人们往往在情感上难以接受，不愿割舍放弃，却导致损失更多。例如，继续观看低劣的电影、阅读低劣的图书，损失的就不仅仅是购买电影票和图书的钱，还浪费了更多时间；股票遇到突发重大利空消息，不愿果断割肉清仓，导致进一步被深度套牢；发现交友对象品行不良，不忍放弃投入的感情而未能割席断交，导致后来深受其害……凡此种种，虽合“人之常情”，却实为“不智之举”。可见，沉没成本概念确立的是“及时止损”思维，是一种避免损失进一步扩大的理性选择。更进一步，“及时止损”思维还适用于生活和工作中其他“犯错”场合。例如，驾车时不小心撞伤行人，应该冷静面对造成的损失，勇于承担责任，而不要躲避逃逸，否则会付出更沉重的代价；工作中自己的失误给单位造成损失，应该勇于承认错误，而不要撒谎掩饰，否则会遭受更多的惩罚，付出更大的代价……

以上从理性人假设和沉没成本的视角论述了经济学有助于指导人们做出理性选择，帮助人们实现利益最大化或损失最小化，进而获得美好幸福生活，体现了经济学的“经世致用”功能和智慧，这一智慧在《美好生活经济学：摆脱焦虑，实现价值跃升与社会公平》中也有诸多体现。在该著第五篇“经济学家谈治学”中，作者分析了“学术关键词”对于彰显经济学家学术影响力和学术地位的重要意义，但学术关键词的形成并非易事，需要十年、几十年如一日地在一个或有限几个领域辛勤耕耘，换言之，需要长期在某一个领域上坚持不懈地探索，而不是四面出击、八方撒网，只有这样才能掘井及泉、获得学术影响力和学术地位等无形却重要的声望收益。可见，对于学术研究者而言，“专而精”的时间配置策略实为一种理性选择。值得强调的是，作者从多个角度阐述了人力资本投资的幸福效应，属于理性选择，这体现在三个方面。首先，作者基于“年龄学习曲线”和“年龄收入曲线”，巧妙解释了“少壮不努力，何以老大徒伤悲”，少壮时的“努力”（《长歌行》中“努力”的本义是指用功读书学习，用经济学术语来说，这是一种人力资本投资行为）其实是有利于实现人生长期收益最大化的理性选择；其次，作者深刻分析了劳动力流动（也是一种人力资本投资形式）具有劳动力资源优化配置效应和人力资本激励效应，有利于未来获得更多利益，正所谓“人挪活”；最后，个人要想在单位得到领导的重视和更好的发展，就需要让自己尽可能具有“不可替代性”，而途径就是增强人力资本投资，拥有核心竞争力。总之，对自己进行人力资本投资是一种能够产生巨大回报的理性选择，也充分体现了经济学在指导人们做出正确选择时的作用。

结 语

追求美好幸福生活是人类永恒的主题，经济学作为一门分析行为选择的学科，在致力于增进人们生活的美好与幸福方面，具有不同于其他学科的独特功能，本文仅仅从经济学研究对象、理性人假设、沉没成本等有限的角度对此进行了阐述，远未穷尽博大精深的经济学体系和思想。但“一滴水可见太阳的光辉”，经济学之幸福效应的精髓和奥妙，由此可见一斑。

经济学普遍渗透并作用于人们的工作、学习和生活，因此，不论是作为政策制定者和执行者的政府官员，还是作为投资者或经营者的企业家，抑或范围更广的劳动者或消费者，都能够从经济学中获得启发，做出理性选择，提升生活的幸福美好度。正因为经济学如此重要，美国国家经济学教育委员会明确规定，从幼儿园到小学期间，孩子就需要学习一些基本的经济学概念，也有国家在高中就开设经济学课程。“他山之石，可以攻玉”，经济学作为一门有益于人们获得美好幸福生活的经世致用学科，值得人们及早学习和掌握。

追寻美好幸福生活，可从学习经济学开始，可从阅读《美好生活经济学：摆脱焦虑，实现价值跃升与社会公平》开始。

（作者为湖南师范大学教育科学学院副教授）

日本创新矛盾之谜

王　诚

作为一个跨越了数量增长阶段而追求高质量增长的经济体，其增长的动力会从仅靠简单要素投入转变为主要依靠创新。创新强，则经济的高质量增长就好；创新弱，则高质量增长会停滞不前。然而，人们往往忽视一个现代经济体创新的两个方面——实体经济的创新和虚拟经济的创新。实体经济创新是指以实体部门为主的市场主体根据市场的需求在生产和经营中引入新的科技、管理、原料来源并向新市场提供新产品的活动。虚拟经济创新则是指金融服务的提供者根据金融资源的供求情况向市场主体提供新的金融产品的活动。显然，正如现代经济中实体经济与虚拟经济相辅相成、缺一不可，实体创新和虚拟创新也必须互生互长、共同促进。但是，与日本的实体经济创新稳步领先相比，日本金融的创新简直是太落后，两种创新之间存在巨大的差距。这一创新矛盾的原因何在？

在日本，生活中使用的金融工具落后现象随处可见。如在日本出门时，口袋里的钞票和钢镚又挤又沉一大堆，网上扫码支付非常罕见——除了中国支付宝等在近期特别是疫情期间于少数便利店推行外；对于房租、水费、电费、电视费、网络费等交费，必须逐项签订烦琐的合同或者每个月拿到账单后去银行交费；在银行开办新账户和信用卡极其艰难；理财产品几乎没有，股票和债券的投资成本和风险极高并且信息不对称严重，很少有老百姓敢于问津；任何银行存款的利率几乎为零，存款没有任何收益；办理银行业务都必须到柜台耐心排长队，而几乎没有手机银行的转账汇款、投资理财等服务；将日元汇款到中国则只能找中国银行分行，否则必须兑成人民币；等等。此外，日本金融创新的落后也反映在日本领先企业和最大企业的产业结构上。

如果我们将跻身世界《财富》500强的前15位中国企业，与日本排名前15的企业相比，就可以看到一个非常有趣的现象。中国的前15位企业中，金融类企业占6个，分别是工商银行、平安银行、建设银行、农业银行、中国银行、中国人寿；而日本的前15位企业中，只有一个“完全”的金融企业——日本生命保险，加上两个“一半”的金融企业，即三菱集团和日本邮政（二者有一半以上的业务还在实体经济领域）。当然，具有中国特色的是，15个超大企业中的其余企业（除台企鸿海精密外），大部分为基础工业的大型国企：中国石化、中国石油、国家电网、中国建筑总公司、上汽集团、中国中铁、中国移动、中国铁建。而日本的其余14强主要集中在制造业，以及部分基础服务业和商业贸易领域：丰田、三菱、本田、日本邮政、电报电话、伊藤忠（综合贸易）、日产、软银、日立、JXTG（石油）、索尼、永旺、松下、丸红（综合贸易）。

如果依据胡润的企业家富豪排名前10位来看，中国涉及的行业是：2个网络购物行业（马云、黄峥——拼多多）；2个电子通信（马化腾、丁磊——网易）；5个房地产业［许家印——恒大、何享健——美的（包含部分家电）、杨惠妍——碧桂园、王健林——万达、严昊——太平洋建设］；1个制药（孙飘扬——恒瑞）。大家知道，在中国的当前情况下，网络购物、电子通信和房地产业已经是准金融行业，所以国家才不断出台措施整顿这些“准金融行业”的融资乱象，包括校园贷、首付贷、套路贷、“杀猪盘”、软硬暴力催还贷、平台“跑路”、“庞氏骗局”、经营资金违规入房地产等。

相反，日本的富豪排名前10位所在的行业是：4个电子通信（孙正义、滝崎武光、永守重信、重田康光）；4个服装家居（柳井正、三木正浩、高原庆一郎、似鸟昭雄）；1个商业地产（森章）；1个网购（三木谷浩史）。近十年来，“日本首富”的位子，总是在两个人之间轮换，它不是属于优衣库创始人柳井正，就是属于软银集团创始人孙正义。

由此可见，中国与日本的实体经济和虚拟经济发展势头是相反的，中国的虚拟经济发展势头迅猛，而日本的实体经济发展优先。但是，我们从理论上知道，现代市场经济需要实体经济与虚拟经济协同发展，如同两轮车子的两个轮，是相互配合、相互促进的关系，一旦出现单方面突进而另一方面滞后，就会有发展受阻甚至“翻车”的可能。但是另一方面，任何经济体从根本上看都是历史上分工和交易发展的结果。与实体经济产生过度分工会造成产品滞销而分工自动萎缩的情况不同，虚拟经济由于其过度分工的标准模糊，对金融产品出现异化和经济泡沫积累难以判断，而易于陷入自我服务循环式的过度膨胀。2008 年的世界金融危机就是典型的例证。

市场创新的主体是谁？当然是企业家。那么，是否是中日之间企业家的特点不同，而导致了实体经济与虚拟经济创新的差异呢？企业家的一般素质是，能够超越经济人的狭隘利益算计，而具有创业好奇心和首创精神，敢于追求成功和生命炫耀，勤于资本积累并且非常注重个人信用。除了这些一般素质外，日本企业家还具有独特之处：自幼接受的家庭和学校教育都强调独立、自立、吃苦、想象力训练；在中学时代比较强调体育竞争和团队精神，以及合作创新精神的培养；在大学时代强调自食其力、自主决策、接触社会、知行合一等精神的培养；在建立家庭以后，继承“女主内、男主外”的传统，男人必须忙于事业和全力工作，贯彻工匠精神；在社区影响上，非常注重个人的声誉和成就大小，因为这不仅是居住在一定层次生活小区的财务基础，而且也是获得自治性邻里关系群接受的资格（从这点上说，类似有“碰瓷”行为的行为人在社区是难以生存的）。

同样作为对比，我们来看中国企业家的生长环境及形成的特点。其一，作为市场主体而言，除了国家正式纳入统计范围而承认的“企业”（约五千万家）以外，还有另外五千万家以上规模微小而不在“企业”口径内的“小微企业”、“个体工商户”和“网商”，这些编外企业的自生能力和营商环境非常不稳定且不规范。其二，需要短期积聚大量资金的大型金融企业和非金融企业发展，最为便捷的途径是借助国家财力，而中国的央企及其他大型国有企业的形式，给予这些企业可以不太关注市场风险而快速扩张的条件。其三，从先秦至唐宋的大量诗词等文学作品，显示中国人传承的光明磊落、个性鲜明、礼貌气节、创意飞扬的精神气质。这些精神气质作为当时的软实力文化也大量流入日本、韩国等东方国家。但是，正如“崖山之后，唐看日，宋看韩”的传言所述，从宋末尤其是清末以后，部分中国人变得胆小冷漠、自私麻木、丧失自尊、扼杀创意。刻苦钻研的匠人精神被投机取巧的臣民意识取代。其四，民营企业家的产生和培育的逻辑一直不顺，从刚开始的“胆大的”刑满释放人员创立第一批民企，到在双轨制的夹缝中获得第一桶金的“原罪式”企业家，再到两三年前认为主流意识不容民营企业而风行一时的所谓“民企退场论”，都充分说明中国社会仍然缺乏一种让民营企业家队伍合理合法地产生、成长、壮大并发挥创新功能的正常机制。其五，尽管民营企业和中小微企业已经成为中国就业、产品供给、政府税收等方面的主体，但是看似特别发达的金融体系却把企业服务的重点放在国有企业和大型企业身上，国家和社会呼吁许多年的民企和中小企业“融资难、融资贵”的问题一直不能得到解决，制约了实体经济创新的发展。

由此可见，与重视基础研究、技术传承、工匠精神、工艺创新、市场规则稳定、依靠要素扩张阶段已经过去等相一致的实体经济创新的因素，在日本要多一些；而与不太重视风险、不重视基础研究、投机性强、总想填补市场空缺、赚快钱意识强、面临市场的波动较大、经营环境不够规范、资金流动的监管规则不稳定等相联系的虚拟经济创新因素，在中国则更多一些。

那么，日本的虚拟经济创新滞后，为什么没有严重影响其实体经济创新的发展呢？这与日本特殊的经济结构相关。中国的现代金融体系脱胎于传统的国家财政体系，而日本的现代金融业则产生于实体经济部门，即大企业投资建立大银行，银企之间相互持股，银行融资成为企业运行的主要资金来源。相反，在其他以发达国家作为主要资金来源的资本市场融资，在日本的发展则非常滞后。例如，将近年美国与日本的数据相比，企业间接融资相比直接融资，美国的比率大约是13∶87，而日本却是55∶45。日本这种经济结构的弊端是，大财团、大机构所承担的市场风险大，企业之间难以形成产权并购的竞争，不良债权形成和扩大的风险较大。同时，金融市场属于政府主导型，市场的波动容易为政府政策的变化所引发。银行由于存在运行不独立、操作不透明的问题而经常发生违规贷、人情贷，因而银行股价疲软。但是这种经济结构的有利方面是，金融监管当局对具有寡头垄断地位的前几大银行（包括三菱银行、邮储银行、瑞穗银行、三井住友、农林中金银行、理索纳银行等）进行监控，就能够大体稳定金融市场自身产生的波动，一旦出现国际金融冲击或大的金融困局时，可以行政办法保护和援助银行部门，维护金融系统稳定。此外，居民生活受到金融风险的干扰也比较小，从而社会消费也相对稳定。日本虚拟经济与实体经济的发展也从一个角度说明，金融创新是服务于实体经济运行和发展的需要，因而金融部门的长期发展主要不是依赖于花样翻新的“金融新产品”，而是依靠金融部门最大限度地满足实体企业提高长期效益和产业结构合理化的需要。

除此以外，日本的虚拟经济发展滞后还有其特殊的历史原因。第一，1945年，在美国的实际占领下，日本曾经试图推行美式金融体制，发展以股票和债券发行为主的金融市场，但是行不通，市场主体不接受。第二，1970 年代，日本结束外汇管制，废除“外汇集中制度”，让居民和企业自由兑换外币，实现了日元的国际化。但是日元国际化后，国际资本流动对国内经济和货币政策形成较大的冲击，为了减弱这种冲击，日本通过低利率和间接融资战略将境内外国际证券投资主要限制在商业银行渠道。第三，1985 年广场协议出台前后，日本曾经出现“购买全世界”的金融泡沫疯狂，货币宽松，资产泡沫化泛滥，其后的泡沫破灭导致银行和企业倒闭，居民的就业和消费减少，老百姓吃尽苦头。第四，2011 年 3 月的东日本大地震所造成的福岛核灾难至今难以消除后患，使民众对高新科技股票失去信心，这进一步打击了股市投资。反过来，许多大企业放弃了通过股市融资和发展的打算。第五，日本是市场经济国家中首次发明和注重实行产业政策的国家。日本目前的产业政策是，控制上游（即注重发展各个产业的核心技术），占领中游（即主要生产日本能够制造的产业尖端产品），忽略下游（即将各产业的终端产品主要给中小企业生产或者外包给其他劳动力密集型的国家）。只要金融体制能够配合产业政策的实施，日本政府也不着急金融创新。第六，日本遍布市町村的中小合作银行为大量中小企业提供了稳定的融资，使得上市融资和网络融资的需求也不高。第七，当前的日本社会进入老年化和少子化时代，创新主要靠年轻人，而年轻人主张抛弃“折腾”的历史，进入断舍离的低欲望社会。虚拟经济创新相比实体经济创新显得更加扑朔迷离、风险大而不可靠，因此年轻人普遍不热心金融新产品的创造、使用和传播。

总之，关于日本创新问题的考察说明，虽然从理论上看，实体经济创新与虚拟经济创新是相辅相成的，到达一定发达阶段的经济体必须兼顾两种类型的创新发展；但是，那种片面认为虚拟经济创新更先进，而实体经济创新不太值得关注的观念，其实是错误的。因为金融创新是为了服务于实体经济运行和发展的需要，金融部门的发展不是依靠花样翻新的“金融新产品”，而是要最大限度地满足实体经济部门从创新中实现长期增长、效益提高和产业结构不断升级的需要。

（作者为中国社会科学院经济研究所研究员）

变废为宝：日本的铁道主题公园

祝曙光

日本被誉为运行在轨道上的国家，拥有世界上最多的铁路（包括轨道和地铁）乘客。有日本人编了一个段子，即如果把世界铁路乘客假定为100人，那么日本人占了50个，其中31人为关东人，10人为关西人，3人为名古屋人；其余50人中，印度占了11人，中国和德国分别占了3人。尽管有些夸张，但日本确实拥有世界上数量最庞大的铁路乘客，每天约有一半的日本人（2015年每天的铁路乘客数量为6675万人）搭乘火车出行，因为日本铁路的主要功能是通勤（包括上学），对经济和人们的生活影响很大，由此日本产生了非常发达的铁道文化，其表现之一就是对铁道遗存进行了保护和开发。

我曾多次前往日本最大的铁道博物馆——京都铁道博物馆参观，该博物馆收藏非常丰富，保存的机车和车辆共53辆，其中蒸汽机车23辆、电气机车5辆、柴油机车2辆、内燃机车1辆、电车5辆、新干线机车6辆、客车9辆、货车2辆。扇形车库排列着20辆蒸汽机车，8辆可以在馆内铁道线上运行，有些机车生火待发，蒸气缭绕，非常壮观。有些藏品属于国家文化遗产，如7100型的7105号机车，1880年从美国购入，用于北海道幌内铁道、北海道煤矿铁道等线路，一直运转到1952年。保存的230型机车，为国铁从企业购入的第一款蒸汽机车，用于境线、仓吉线等，1903年制造，运转到1959年。京都博物馆占地3万多平方米，高三层，从二楼的回廊可俯视馆内大厅。每次参观，大部分游客逗留时间都很长并在馆内午餐。该博物馆门票不便宜，成人1200日元，大学生和高中生1000日元，初中生和小学生500日元。如乘坐运行的蒸汽机车，需另外付费。尽管如此，参观者仍络绎不绝。

1983 年，日本成立了铁道史学会，这是一个促进铁道史研究，与相关学会合作，不仅从工学技术层面，而且从政治、经济、文化等方面研究铁道历史的学术团体，发行学会会刊《铁道史学》（每年发行 3 期），每年各大学轮流召开学会年会，并举办几次学术研讨会。有时学会与大学共同举办铁道史主题展览，如 1997 年学会与滋贺大学经济学部附属史料馆共同举办“滋贺县铁道发展与地域社会”的主题展览。学会还以实业家、原运输省事务次官、JR 东日本公司首任社长住田正二的名义设立了“住田奖”，奖励新近发表的铁道史研究优秀成果，奖项分为论文奖和著作奖；设立特别奖，表彰在铁道遗存保护、展览方面做出突出贡献的机构或部门。也就是说，铁道史学会非常积极地介入铁道遗存的保护和开发。

2010 年获得第一届“住田奖”特别奖的单位是宫城县栗原市，获奖作品为《栗原田园铁道的资料保存活动》。栗原田园铁道始建于 1921 年，全长 27.5 公里，窄轨、单线，全线设站 16 个，最高时速 75 公里，1993 年转为第三方铁道（由地方政府以及民间企业共同出资运营的“半官半民”铁道）。栗原田园铁道是一条全线位于宫城县境内的地方铁路。宫城县面积为 7282 平方公里，2000 年有人口 236.5 万，2019 年下降为 230.3 万。1965 年，栗原田园铁道输送旅客 183.5 万人，2006 年下降为 34.5 万人。1975 年，旅客运输收入为 1.22 亿多日元，货物运输收入约为 1.2 亿日元。1988 年货物运输被废止。2006 年，旅客运输收入为 1.2 亿日元，无货物运输收入，运营收益为 1.5 亿日元，而运营支出 1.8 亿多日元，即亏损运营，长期依靠宫城县的财政补贴。2003 年，宫城县停止补贴该线路，该线运营状况进一步恶化。2007 年，栗原田园铁道全线废止。栗原市将一些线路、车站设施、信号、道口以及机车和车辆等保存下来，建设栗原田园铁道主题公园，此处成为栗原市的观光体验景点，也是对市民和学生进行乡土教育的重要场所。搭乘 JR 东北本线在石越站下车，然后换乘巴士约 10 分钟就可抵达公园，也可乘坐新干线在栗驹高原站下车，再换乘巴士抵达。栗原田园铁道主题公园并非免费公园，高中生以上者收费 510 日元，初中生和小学生收费 310 日元。日本对铁道遗存的保存分为静态保存和动态保存。所谓动态保存，即在保存的铁道线可以运行机车或车辆。栗原田园铁道主题公园以大正时代（1912—1926 年）建造的木结构若柳车站为中心，分为博物馆区、游乐区和广场三部分，保留了从若柳车站至石越车站的约 500 米线路，原则上每月的第 2 个星期日为运行日，每半小时发车一次，让游客体验昔日栗原田园铁道的风采，票价300日元。公园除了用来模拟驾驶、供游客参观的机车、车辆以外，每月还举行2—3次轨道车运行体验，即游客租用轨道车（可供4人乘坐），踩着踏板在轨道上（线路往返900米）行驶，非常受孩子们欢迎，租用一次500日元。作为一个人口不足7万人的城市，被动地保存废弃的栗原田园铁道会造成沉重的财政负担，难以持续，所以栗原市政府的举措博得了社会各界的好评。

获得第二届“住田奖”特别奖的单位是乡土文化馆，获奖作品是该馆的2010年秋季特别展《学园都市开发与梦幻铁道——产生于动荡时代的国立大学町》。2020年的获奖单位是火车俱乐部，获奖作品是《九州北部车辆等保存、修复活动与地区教育活动》等。

位于东京的青梅铁道公园主要展示被淘汰的机车，也包括一些客车和餐车。从JR青梅线青梅站下车，往北徒步15分钟即可抵达。青梅铁道公园占地9000多平方米。1961年，原国铁机关为纪念日本铁道开业90周年而设立该公园。国铁分割民营化后，公园由JR东日本公司接管，其先后委托交通文化振兴财团和东日本铁道文化财团运营。开园初期展示的机车有2100型、5500型、8620型、9608型和C11蒸汽机车，其中2100型、5500型机车分别是1890年和1893年从英国引进的。属于2100型系列的机车还有2120型、2400型和2500型，长10.203米，高3.658米，轴配置0—6—2（C1），动轮直径1.219米。日俄战争爆发后，该型号机车被用于向中国东北运送日军，对日本取得日俄战争的胜利发挥了重要作用，一直使用到20世纪六七十年代。保存在日本工业大学的2120型机车仍能行驶。5500型蒸汽机车长14.021米，高3.671米，轴配置4—4—0（2B），动轮直径1.372米。2100型和5500型机车是明治中后期代表性的蒸汽机车，曾是现JR东北本线和常磐线的主力机车。属于该系列的机车还有5630型和5650型。9608型机车是最早的国产货物蒸汽机车，1913年制造。当然最受游客青睐的是110号机车，这是日本铁路开业时从国外输入的10辆蒸汽机车之一。参观青梅铁道公园，有助于人们理解日本铁路机车的发展史。日本蒸汽机车技术发展经历了引进、改造、仿制、独立设计和制造的全过程。独立设计和制造机车又经历了从小型机车、中型机车到大型机车的过程。在国产机车的早期阶段，日本产生了购买成品进行仿制的技术导入方式，主要定购英国、德国和美国的最优秀机车，仿制获得了成功，并确立了批量生产体制。1980年，青梅铁道公园展示了 ED16 型 1 号电气机车，由三菱造船株式会社神户造船所于 1931 年制造，这是当时的铁道省与民间企业共同设计制造的电气机车，构筑了此后国产 ED16 型电气机车的基础。该机车全长 15.4 米，用于牵引货物列车。2018 年，ED16 型电气机车被指定为国家重要文化财产。最初青梅铁道公园将展示的机车和车辆放置在室外，供观众免费参观。但是，长期风吹雨淋，导致展示的机车和车辆锈蚀严重。1997 年，闭园整修，对展示的藏品进行修补。1998 年，重新开园并收取参观费用，票价 100 日元，当年入园参观人数约为 12 万 4000 人，成为“铁道迷”向往的圣地。

铁道史学会还与其他相关学会合作，积极介入铁路遗存的保护。2021 年 2 月 21 日，铁道史学会会长渡边惠一联合都市史学会会长、首都圈形成史研究会会长、地方史研究协议会会长、交通史学会会长等向 JR 东日本公司社长发出公开呼吁，要求对“高轮筑堤”遗迹进行保护。JR 东日本公司在东京都港区港南二丁目的东海道本线高轮站周边施工时发现了“高轮筑堤”遗迹。公开信指出：我们五个学会认为，该遗迹不仅在日本铁道史、交通史、土木工程史和产业史上占有重要地位，而且是象征着日本近代化拉开序幕并与世界接触的日本近代史上极为重要的文化遗产。回顾历史，早在 1911 年，根据铁道院总裁后藤新平的指示，设置了铁道博物馆，积极进行铁道资料的收集、保存与运用。1921 年，为纪念日本铁道开业 50 周年而创建了铁道博物馆，对日本铁道文化的发展做出了很大贡献。1958 年制定的《铁道纪念物保护标准规程》规定，将历史、文化价值高的铁道设施、建筑物、车辆、古籍等作为铁道纪念物加以保存。

“高轮筑堤”遗迹位于日本第一条铁路——京滨铁路（新桥—横滨）线上。京滨铁路从本芝经高轮海岸到品川停车场的约 2.6 公里线路是在海上筑堤敷设的，有助于了解日本铁路创立时期，日本技术人员如何消化、吸收英国工程师莫莱尔传授的铁路技术以及日本固有的土木工程技术如何与西方发达国家的土木工程技术融合。1872 年敷设的京滨铁路是东亚最古老的由日本建设的第一条非西方国家铁路，其有助于从世界史角度观察日本现代化的方式。因此，对铁路开业时期以“高轮筑堤”为代表的铁道遗存进行保护具有重要意义。JR 东日本公司对专家学者的意见非常重视，成立了高轮筑堤调查、保存委员会，由早稻田大学教授古川章雄任委员长，立教大学教授老川庆喜、铁道综合技术研究所情报管理部部长小野田滋、东京大学教授谷关润一任委员，后又增添了日本大学教授伊东孝、青山学院大学教授高岛修一为委员。2021 年 4 月 19 日，举行了第 7 次委员会会议，列席会议的有日本文化厅、港区教育委员会、东京都教育厅、铁道博物馆、东京都建设局、都市再生机构以及 JR 东日本公司等的代表，会议议题涉及保存方针、高轮筑堤的调查等内容。委员会希望在尽可能长的区间内对包括信号机在内的相关遗迹进行现场保护，以委员会的意见为基础提出实施方案。信号机遗迹的保存尤其重要，因为这是日本第一个铁路交通信号，构成了高轮筑堤的铁道景观。目前，“高轮筑堤”遗迹的挖掘保护工作正有条不紊地进行。

由于重视对铁道遗存的保护，日本有许多铁道主题公园、博物馆、铁道村等，生动地展现了日本近 150 年的铁路发展历程，如位于和歌山县的有田川町铁道公园、福冈县糟屋郡的志免铁道纪念公园、神奈川县山北町的铁道公园等。著名的博物馆有京都铁道博物馆、JR 东日本铁道博物馆、JR 北海道小樽市综合博物馆、九州铁道纪念馆、四国铁道文化馆、敦贺铁道资料馆、北海道三笠铁道村以及长浜铁道广场等。有田铁道于 1915 年营业，是一条轻便铁路，窄轨、单线，连接和歌山县有田川町藤并站至金屋口站，全长 5. 6 公里，设 5 个车站。1950 年，旅客输送密度为每日 1429 人；2000 年，旅客输送密度下降为每日 43 人；2002 年废止。2010 年，以金屋口站为核心，保存了车站、站台、车库以及 500 米长的铁路线，并设立铁道交流馆。有田川町铁道公园保存的机车、车辆为动态保存，观众可乘坐，普通票价 500 元、小学生 100 元，还可参加机车摄影，需另外付费。志免铁道纪念公园由原胜田线的志免站以及部分线路组成。胜田线是一条运输煤炭和旅客前往神社参拜的地方铁路，1918 年开业，窄轨、单线，连接福冈市博多区吉塚站至糟屋郡宇美町筑前胜田站，全长 13. 8 公里，设 7 个车站。1956 年，输送旅客 1365078 人次，输送煤炭 604559 吨。1960 年，输送旅客 1062000 人次，输送煤炭 424484 吨。1963 年，糟屋煤矿被关闭，导致线路运营状况急剧下降，当年输送旅客 616000 人次，输送煤炭 200036 吨。尽管为了挽救胜田线，国铁和地方政府想了很多办法，但仍无济于事。1981 年 4 月 1 日，该线全线废止。

75 年来，日本废止的铁路线约 400 条（有些是部分废止）。仅 2000 年以来，伴随老龄化和少子化，乘客数量不足，废止的铁路线高达 45 条，线路总长度 1157. 9 公里，最长的是位于北海道的故乡银河线，长 140 公里；最短的是阪堺电气铁道上町线，仅 0. 2 公里，平均长度约 25. 7 公里。今后 10 年日本铁路线废止速度将进一步加快。废止的铁路线95%以上是三大都市圈（东京、大阪和名古屋都市圈）以外的地方铁路，线路长度在30公里以下的占了绝大多数，由此导致地方，特别是乡村人口大量外流，形成“过疏化”现象，大量农地被撂荒。当我手持《铁道之旅手贴》或铁道地图出行时，发现不少线路已废止，车站年久失修，线路杂草丛生，颇为感慨。有日本专家预测，将2010年与2050年相比较，以车站周边1平方公里常住人口1489人为维持铁路线运行的基准，那么2050年日本将会有35%的铁路，即201条铁路线被迫废止。如继续运营，每年维持1公里铁路线运行费用为260万多日元，维持201条铁路线所需总费用约415亿日元，这是非常令人沮丧和伤感的事情。日本地方政府对废止的铁路线和车站并不是一拆了之，而是进行改造和再利用。铁路是日本人出行的主要交通工具，作为移动据点的火车站是一个多用途的公共空间，其所担负的功能不仅仅是候车，还有餐饮、购物、交流、娱乐、教育、广告等功能，是人气最旺的地方，社区居民往往以车站为中心构建自己的生活和工作圈。铁路线和车站被废止，改变了原有的城镇空间结构，导致铁路沿线和车站周边居民人数减少。据日本学者调查研究，以1981年9月18日至1990年9月30日被废止的地方铁路线车站为例，如果设定1980年车站周边人口为100%，则2005年废止铁路线车站周边人口为86.3%，而现存车站周边人口为95.7%，相差9.4个百分点。同样，以1990年10月1日至2000年9月30日被废止的铁路线车站为例，如果设定1990年车站周边人口为100%，则2005年废止铁路车站周边人口为89%，而现存车站周边人口为96.6%，相差7.6个百分点，这说明废弃铁路线会造成沿线和车站周边人口的持续下跌，严重影响当地经济社会发展。此外，废弃铁路线和车站还会导致老年人和学生出行不便。为了留住废弃车站和线路沿线的居民，地方政府殚精竭虑，将50%以上的土地改建为公路、自行车或步行者专用道，将20%的土地出售给企业或个人，将其余土地开辟为铁道主题公园或铁道纪念馆，扩建公益设施，改善居民生活、工作环境，方便当地居民。有些淘汰或废弃的车辆甚至被出售给私人，用于开设列车餐馆，吸引顾客，取得了良好的效果，至少减缓了人口外流的速度，提高了居民对社区的热爱程度。

（作者为苏州科技大学社会发展与公共管理学院教授）